Wessel | Klimakrise. 100 Seiten

* Reclam 100 Seiten *

GÜNTHER WESSEL, geb. 1959, ist Radiojournalist und Buchautor. Er schreibt seit Jahren verstärkt über umweltpolitische Themen und ist im Deutschlandfunk Kultur regelmäßig mit Sachbuchrezensionen zu hören. Zuletzt erschienen das Jugendbuch *You for Future* und *Vier fürs Klima*. 2018 wurde Wessel mit dem Deutschen Umweltmedienpreis und 2021 mit dem Nachhaltigkeitspreis der Brauerei Neumarkter Lammsbräu ausgezeichnet.

Günther Wessel

Klimakrise. 100 Seiten

RECLAM

2. Auflage

2022 Philipp Reclam jun. Verlag GmbH,
Siemensstraße 32, 71254 Ditzingen
Umschlaggestaltung: Philipp Reclam jun. Verlag GmbH
nach einem Konzept von zero-media.net
Infografik (S. 74 f.): annodare GmbH, Agentur für Marketing
Autorenfoto: hasskarl.de
Umschlagmaterial: Creative Print, Schabert
Druck und Bindung: Esser printSolutions GmbH,
Untere Sonnenstraße 5, 84030 Ergolding
Printed in Germany 2023
RECLAM ist eine eingetragene Marke
der Philipp Reclam jun. GmbH & Co. KG, Stuttgart
ISBN 978-3-15-020587-7

Auch als E-Book erhältlich

www.reclam.de

Für mehr Informationen zur 100-Seiten-Reihe:
www.reclam.de/100Seiten

Dieses Buch wurde klimaneutral gedruckt.

Alle CO_2-Emissionen, die beim Druckprozess unvermeidbar entstanden sind, haben wir durch ein Klimaschutzprojekt ausgeglichen.

Nähere Informationen finden Sie hier:

Klimaneutral
Druckprodukt
ClimatePartner.com/14058-1912-1001

Inhalt

»It's real, it's us« – »Sie ist da, von uns verursacht«

»It's real, it's us, it's bad, experts agree, there's hope.« In diesen zehn Wörtern fasst der Umweltwissenschaftler Anthony Leiserowitz von der Yale University die Klimakrise zusammen. »Sie ist da, von uns verursacht, die Situation ist schlecht, die Experten sind sich einig, es gibt Hoffnung« – im Deutschen sind es 18 Wörter.

Dass sie da ist, lässt sich nicht leugnen. Nichts an diesen 18 Wörtern lässt sich leugnen. Höchstens die letzten drei.

»It's real, it's bad.« Wir haben es alle erlebt: Die Klimakrise ist da. Nicht nur entfernt bei Eisbären, denen die Schollen unter den Pfoten dahinschmelzen, nicht nur an den tropischen Temperaturen, die in weiten Teilen des arktischen Zirkels in Sibirien und British Columbia (Kanada) im Sommer 2021 herrschten, nicht nur bei den Einwohnern von Bangladesch, die sich vor der nächsten Flut fürchten und dabei vielleicht ihr Leben verlieren. Nein, sie hat sich auch in *unserer* Welt gezeigt: In den Dürrejahren 2018, 2019 und 2022, die den Grundwasserspiegel in Deutschland in vielen Regionen dramatisch senkten und die Wälder zerstörten. Am neuen deutschen Hitzerekord, der mit 42,6 Grad Celsius 2019 in Lingen/Emsland gemessen wurde. Und vielleicht am schlimmsten in der Hochwasserkatastrophe in Westeuropa im Sommer 2021, die allein in Deutschland über 180 Todesopfer forderte, sowie an den Hochwassern, der brutalen Hitze und den Dürren in Kanada und Südeuropa im Jahr 2023.

Wir wissen, was auf uns zukommen wird: Im Winter wird es mehr, im Sommer weniger regnen als bislang – und wenn, dann mehr als Starkregen mit Überschwemmungen. Trotzdem nimmt die Trockenheit zu, und der sinkende Grundwasserpegel gefährdet unsere Wasserversorgung: Konflikte um Wassernutzung zwischen Verbrauchern, Landwirtschaft und Industrie sind vorprogrammiert. Und auch steigende Kosten, egal ob für den Verkehr, im Küstenschutz oder bei der Ertüchtigung der Infrastruktur.

Zahlreiche Pflanzenarten werden aussterben, Tierarten wandern nach Norden aus – oder verschwinden. Dafür bleibt die Asiatische Tigermücke, die das Denguefieber verbreiten kann. Die Mückenart wurde 2007 erstmals im Südwesten Deutschlands nachgewiesen und wird sich bis 2050 im ganzen Land verbreitet haben.

»Experts agree«: Dass es sie gibt, wissen wir schon viel länger: Frühe Warnungen stammen noch aus den 70er Jahren des 20. Jahrhunderts. Damals konnte man noch vom »Klimawandel« sprechen, heute passt der Begriff Klimakrise deutlich besser. Denn damals waren es noch knapp drei Generationen, die man bis zu einem klimaneutralen Planeten im Jahr 2050 Zeit gehabt hätte, heute ist es nur noch eine. Viel Zeit wurde vertan und heute stehen wir vor einer Aufgabe, die gigantischer denn je ist.

»Our house is on fire«, stand bei einer der ersten großen Fridays-for-Future-Demonstrationen in Berlin auf dem Fronttransparent, »unser Haus brennt«. In den Waldrandgebieten Kaliforniens im Wortsinn, anderswo im übertragenen. Die Menschheit sieht sich zwei Krisen gegenüber, die ihr das Leben auf der Erde zumindest sehr schwer, wenn nicht unmöglich machen: der Klimakrise und der Krise der Biodiversität. Beide hängen eng zusammen, sie sind menschengemacht, und beide entstehen maßgeblich durch die Art, wie wir hier in Europa oder in anderen Industriestaaten leben.

Denn es ist sehr einfach: Die reichsten 10 Prozent der Weltbevölkerung – und dazu gehören wir – sind für die Hälfte des Kohlendioxid-Ausstoßes (chemische Summenformel: CO_2) verantwortlich, die arme Hälfte der Menschheit nur für 10 Prozent. Wenn wir sagen, dass die Welt sich ändern muss, muss es eigentlich heißen: Wir müssen unsere Lebensweise ändern. Wir müssen anders produzieren, uns anders durch die Welt bewegen, anders heizen, anders konsumieren – und gleichzeitig attraktive Lebensstile jenseits des fossilen Zeitalters entwickeln. Denn die Klimakrise wird nur da gelöst, wo sie entstanden ist: bei uns.

Unser industrieller Reichtum beruht auf der Ausbeutung fossiler Rohstoffe, deren Verbrauch zum Ausstoß von Treibhausgasen führt. Das hat in Teilen der Welt zu großem materiellen Wohlstand geführt. Doch mit der Klimakrise ist dieses Modell hinfällig geworden. Deshalb muss es sich ändern. Zudem zeigt sich: Unsere Abhängigkeit von Öl, Kohle und Gas wurde uns durch den von Russland am 24. Februar 2022 begonnenen Krieg in der Ukraine schmerzlich bewusst. Der Ausstieg aus den fossilen Energieträgern verschafft uns auch die Freiheit, aus Verträgen mit Autokratien auszusteigen.

Eine Wahl haben wir nicht. Nichtstun ist keine Option, jedenfalls für niemanden, der jünger als 50 Jahre ist – er oder sie wird die schlimmeren Auswirkungen der Klimakrise noch miterleben. Schon jetzt ist es so, dass nahezu täglich bedrohliche Nachrichten zu lesen sind – auch solche, bei denen sich die Brisanz nicht sofort erschließt: Denn dass der Grönländische Eisschild in den vergangenen 20 Jahren 4,7 Billionen Tonnen Eis verloren hat, wie Polar Portal, die Dachorganisation dänischer Arktisforschungsinstitute, Ende Januar 2022 mitteilte, scheint nicht so problematisch zu sein. Dass dabei aber genug Schmelzwasser entstanden sei, um den weltweiten Meeresspiegel um 1,2 Zentimeter ansteigen zu lassen, hört sich schon anders an. Und wenn man dann noch liest, dass die grönländischen Gletscher heute sechs bis sieben Mal so schnell tauen wie vor 25 Jahren und die Eismasse dort aus genügend Wasser besteht, um die Pegel der Ozeane um mehr als sieben Meter ansteigen zu lassen, dann wird die Nachricht doch zumindest für alle Küstenbewohner:innen bedrohlich. Und so wird auch schon an der deutschen Nordseeküste geplant, die Deiche zu erhöhen, denn man rechnet dort mit bis zu einem Meter höheren Sturmfluten im Laufe dieses Jahrhunderts.

Ich versuche auf den folgenden 96 Seiten aufzuzeigen, was die Krise bedeutet, wie sie entsteht, warum manch einer sie leugnet und wie man ihr begegnen kann. Was international dazu verhandelt wurde und wird, wo die Probleme bei solchen internationalen Verhandlungen liegen und was man national und individuell tun kann. Was vielversprechend sein kann, was keine Lösungsansätze sind – Kaufprämien für E-Autos beispielsweise – was wir bislang tun und warum all das nicht ausreicht. Aber: »There's hope« – es gibt Hoffnung.

Klima, Wetter, Krise

Als Deutschland am Ende des Winters 2020/21 für einige Wochen im Schnee versank, waren die Kommentare schnell zu hören: Wo ist sie denn, die Klimakrise? Und als es dann im Frühjahr und Sommer 2023 eher feucht war – etwa so feucht wie es vor 15 oder 20 Jahren normal war – kamen diese Kommentare erneut, vor allem aus jener politischen Richtung, die seit Jahren behauptet, es gäbe keine vom Menschen bewirkte Veränderung des Erdklimas.

Klima und Wetter

Aber es gibt große Unterschiede zwischen Klima und Wetter. **Wetter** ist einfach gesagt das, was gerade draußen ist: Regen, Schnee, Wind, Sonnenschein, Graupel, Hagel, Hitze. All das kann variieren; Wetter beschreibt also kurzfristige Zustände zu einer bestimmten Zeit an einem bestimmten Ort. Somit ist ein kühler und feuchter Mai, wie im Frühjahr 2021 in Deutschland, kein Beleg dafür, dass sich das Weltklima nicht ändert. Andererseits belegt ein einzelner heißer Sommer auch nicht, dass wir uns in einer Klimakrise befinden.

Klima bezieht sich hingegen immer auf längere Zeiträume. Dabei werden mindestens 30 Jahre betrachtet. Aus der Sammlung von Daten und Wetterbeobachtungen leiten Wissenschaftler:innen dabei typische Verhältnisse ab, mit denen dann das Klima einer Region bestimmt wird. Klima benennt somit die durchschnittlichen Wetterverhältnisse über einen längeren Zeitraum und zudem die Wahrscheinlichkeiten für Extremereignisse oder Abweichungen vom Mittelwert. Erst aus einer großen Anzahl von feucht-kalten Maimonaten oder aus einer Fülle von immer heißer werdenden Sommern lässt sich also etwas herauslesen.

Schon 1883 veröffentlichte der Direktor der Zentralanstalt für Meteorologie in Wien, Julius von Hann, sein *Handbuch der Klimatologie*, in dem er die methodischen Grundlagen der Klimakunde zusammenfasste: das Klima eines Ortes lässt sich durch Mittelwertbildung von Messreihen atmosphärischer Größen bestimmen, darunter die mittlere monatliche und jährliche Temperatur.

Im Laufe des 20. Jahrhunderts veränderte sich die rein deskriptive empirische Klimawissenschaft entscheidend. Der Einsatz von Computern ermöglichte es, großräumige Klimamodelle zu entwickeln, die auch komplexe Veränderungen berücksichtigten. Diese Klimamodelle wurden immer genauer.

Treibhauseffekt und Kohlendioxid

Der US-amerikanische Klimawissenschaftler Michael E. Mann beschreibt die wesentliche Erkenntnis seines Fachgebietes in seinem Buch *Der Tollhauseffekt* (2018) in zwei einfachen Sätzen: »Kohlendioxid in der Atmosphäre fängt die Wärme ein, und wir fügen der Atmosphäre stetig mehr Kohlendioxid hinzu. Der Rest sind Details.«

Michael E. Mann ist weltweit als Wissenschaftler anerkannt – außer bei den Leugnern der Klimakrise – und darf sich daher so lakonisch äußern. Aber ein paar Details sind vielleicht doch notwendig. Sie drehen sich vor allem um den Begriff des Treibhauseffekts. Dessen Entdeckung beginnt irgendwann im 19. Jahrhundert.

Schon 1824 erkannte der französische Mathematiker und Physiker Jean-Baptiste Joseph Fourier, dass die tägliche Sonneneinstrahlung niemals allein für die bestehenden Temperaturen auf der Erde verantwortlich sein könne. Zusätzlich müsse die Erdatmosphäre wie ein Dach isolierend wirken, das Wärme hinein, aber nicht mehr vollständig in den extraterrestrischen Raum entweichen lasse.

Fouriers Annahme war richtig: Wir wissen heute, dass die Sonnenstrahlung auf die Erde trifft. Ein knappes Drittel von ihr wird durch den sogenannten Albedo-Effekt reflektiert. Albedo, ein Begriff, der vom lateinischen Wort für weiß – *albus* – herrührt, ist ein Maß für das Rückstrahlvermögen von Oberflächen. Denn mancherorts strahlt die Erde die Sonneneinstrahlung einfach zurück, zum Beispiel durch große Eisflächen. Wie hoch der Albedo-Effekt der Erde ist, hängt wesentlich von der Bewölkung und der Helligkeit der Erdoberfläche, also von Landnutzung, Größe von Eis- und Wasserflächen und ähnlichem, ab. Die Erde gibt ihrerseits zusätzlich Wärme ab – und zwar langwellige Wärmestrahlung – und gleicht so die von der Sonne kommende kurzwellige Strahlung aus. Um ein stabiles Klima auf der Erde zu erzeugen, müssen die Wärme, die von außen durch die Sonneneinstrahlung zugefügt wird, und die

Wärme, die von der Erde zurück ins Weltall gestrahlt wird, in einem Gleichgewicht stehen.

Die von der Erde abgestrahlte und zurückgeworfene Wärme entweicht aber nicht einfach ins Weltall. Denn natürlich vorkommender Wasserdampf, Kohlendioxid- und Methanmoleküle behindern diese Abstrahlung. Sie werfen die Wärme ihrerseits wieder zurück zur Erde – das ist der natürliche Treibhauseffekt. Wie in einem Gewächshaus bleibt ein Teil der Sonnenwärme in der Atmosphäre gefangen – genau wie es Jean-Baptiste Joseph Fourier im 19. Jahrhundert ganz richtig beschrieb. Würde dieser natürliche Treibhauseffekt fehlen, wäre die Erde unbewohnbar – zumindest für uns Menschen. Dann läge ihre Durchschnittstemperatur nämlich nicht bei 14 Grad Celsius, sondern bei minus 18 Grad Celsius. Der natürliche Treibhauseffekt sorgt also für etwa 32 Grad Celsius Temperaturunterschied zu unseren Gunsten.

Der britische Naturwissenschaftler John Tyndall benannte Mitte des 19. Jahrhunderts als erster Wasserdampf und Kohlendioxid als Treibhausgase – als die Gase, die für den Treibhauseffekt verantwortlich sind. 1896 sagte der schwedische Physiker und Chemiker Svante Arrhenius eine globale Erwärmung aufgrund der anthropogenen (vom Menschen verursachten) Kohlendioxid-Emissionen voraus: Seiner Meinung nach würde die globale Temperatur um 4 bis 6 Grad Celsius steigen, würde sich der CO_2-Gehalt in der Atmosphäre verdoppeln. Er fand das eher super – vielleicht weil schwedische Winter ja ganz schön lang und hart sein können:

> Schon die für Industriezwecke benötigte Kohleverbrennung ist geeignet, den Kohlensäuregehalt der Luft merkbar zu vermehren. […] Man hört oft Klagen darüber, daß die in

der Erde angehäuften Kohlenschätze von der heutigen Menschheit ohne Gedanken an die Zukunft verbraucht werden [...]. Doch kann es vielleicht zum Trost gereichen, daß es hier wie so oft keinen Schaden gibt, der nicht auch sein Gutes hat. Durch Einwirkung des erhöhten Kohlensäuregehaltes der Luft hoffen wir uns allmählich Zeiten mit gleichmäßigeren und besseren klimatischen Verhältnissen zu nähern, besonders in den kälteren Teilen der Erde; [...].

Der Zusammenhang zwischen dem Anteil von CO_2 in der Atmosphäre und der Temperatur auf der Erde war also schon früh bekannt – je höher die CO_2-Konzentration, desto mehr steigen die Temperaturen.

Kontinuierliche Messungen

Mitte der 1950er Jahre erkannten einige Forscher, allen voran der amerikanische Klimawissenschaftler und Ozeanograph Roger Revelle und der österreichische Chemiker und Kernphysiker Hans E. Suess, dass ein Teil des Kohlendioxids, das aus der Nutzung fossiler Brennstoffe entsteht, sich in der Atmosphäre anreichert. Bis dahin war man davon ausgegangen, dass das beim Verbrennen fossiler Energieträger entstehende CO_2 von den Ozeanen aufgenommen würde – denn diese sind die größten CO_2-Speicher der Erde.

Revelle tat sich mit dem Chemiker Charles David Keeling von der Scripps Institution of Oceanography in La Jolla (einem Vorort von San Diego in Kalifornien) zusammen, und sie ließen 1958 auf dem 4169 Meter hohen Vulkan Mauna Loa auf Hawaii in knapp 3400 Metern Höhe eine Messstation errichten: Ihr Ziel war es, dort in der klaren Luft die Konzentration von Kohlendioxid in der Atmosphäre zu messen. Sie vermuteten, dass es 313 parts per million (ppm) seien, also dass auf eine Million Luftmoleküle 313 Kohlendioxidmoleküle kämen, etwas weniger als ein Drittel Promille. Erste Messungen bestätigten diese Vermutung, doch später wurde der Wert der ersten Messung auf 315,71 ppm korrigiert – es gab offensichtlich einen Fehler im Messgerät.

Seit 1958 wird auf dem Mauna Loa kontinuierlich gemessen: Mit vier Proben pro Stunde. Die Kurve der CO_2-ppm zeigt dabei immer weiter nach oben – jeweils in einer leichten Pendelbewegung, denn von Mai bis Oktober sinken die CO_2-Werte in der Atmosphäre immer ein bisschen. Das rührt daher, dass im Frühjahr die Wachstumsphase der Pflanzen auf der Nordhalbkugel beginnt und ihr Kohlendioxidverbrauch und -bedarf schlagartig steigt, so dass sie CO_2 aus der Atmosphäre aufnehmen. Allerdings nicht so viel, als dass die Kurve insgesamt seit 1958 nicht doch stetig ansteigen würde. Im Winter erhöht sich die CO_2-Konzentration in der Atmosphäre dann wieder, da die Pflanzen ihre Photosynthese reduzieren. Die dann einsetzende Vegetationsperiode auf der Südhalbkugel der Erde kann das nicht ausgleichen, da es dort wegen der kleineren Landmasse wesentlich weniger Pflanzenwachstum als auf der Nordhalbkugel gibt.

Ein minimaler Rückgang der CO_2-Konzentration war nur kurz nach 1970 zur Zeit der Ölkrise und 1990 nach dem Zusammenbruch der Wirtschaft in den Ostblockstaaten zu verzeichnen. Startete man mit den Messungen bei knapp 316 ppm 1958, waren es 1970 schon 324 ppm CO_2 in der Atmosphäre. Als 1992 das Rahmenübereinkommen der Vereinten Nationen über Klimaänderungen in Rio de Janeiro beschlossen wurde – die erste große Klimakonferenz – registrierten die Wissenschaftler:innen bereits 354 ppm. Und seither stieg der Anteil des CO_2 in der Atmosphäre weiter an – kontinuierlich, obwohl es seit 1995 jährliche Klimakonferenzen der Vereinten Nationen gibt, auf denen immer wieder Absichtserklärungen unterzeichnet und mitunter auch Beschlüsse gefasst werden, die weltweiten CO_2-Emissionen zu reduzieren: Seit 1958 ist der Wert um gut 100 ppm gestiegen – im August 2023 betrug er knapp 420 ppm. Und er wird weiter steigen – Jahr für Jahr.

Klimageschichte

Nun hat sich der CO_2-Gehalt der Atmosphäre im Laufe der Erdgeschichte oftmals stark verändert. Und somit auch das Klima.

Wissenschaftler sprechen von zwei Phasen, in denen der CO_2-Gehalt in der Erdatmosphäre sehr gering war. Einmal vor etwa 300 Millionen Jahren und in der jüngeren Klimageschichte seit einigen Millionen Jahren. Zu anderen Zeiten lag der CO_2-Gehalt der Atmosphäre oft bei über 1000 ppm – Zeiten, in denen die Erde weitestgehend eisfrei war. So lebten vor etwa 140 bis 65 Millionen Jahren beispielsweise Dinosaurier in heute polaren Gebieten.

Seit etwa 2 Millionen Jahren pendelt das Klima auf der Erde zwischen Eis- und Warmzeiten: Eiszeiten, in denen beispielsweise Teile Mitteleuropas und somit Deutschlands und das gesamte Nordeuropa von dicken Gletschern bedeckt waren – die Moränenlandschaften im Norden Brandenburgs sind eindrückliche Zeugnisse.

Die Hauptinformationsquelle für Wissenschaftler:innen, die sich mit der Klimageschichte der Erde beschäftigen, sind Ablagerungen aus den unterschiedlichen Epochen der Erdgeschichte – Sedimente an Land und im Wasser oder Eismassen. Auf Grönland und in der Antarktis gibt es kilometerdicke Eispanzer – Jahr für Jahr fällt Schnee, der zusammengepresst wird. Entnimmt man dort einen sogenannten Eisbohrkern – eine lange Stange Eis – kann man an ihr einiges ablesen. Man kann erkennen, wie groß der Staubgehalt der Luft zu bestimmten Zeiten war, man kann errechnen, wie kalt es war, als der Schnee fiel, man besitzt sogar durch eingeschlossene Luftbläschen Proben der damaligen Atmosphäre – aus denen man den damaligen Gehalt an Kohlendioxid, Methan und anderen Gasen bestimmen kann.

Auf Grönland ist das älteste Eis etwa 120 000 Jahre alt, in der Antarktis sogar 800 000 Jahre. Von dort stammt auch der 3623 Meter lange, 1998 gewonnene Vostok-Eiskern, der 420 000 Jahre in die Vergangenheit zurückreicht.

Sediment- und Eisbohrkern-Analysen zeigen, dass in den letzten 800 000 Jahren vor etwa 1950 der Kohlendioxidgehalt der Atmosphäre nie die Grenze von 300 ppm überschritten hat. Der Höchstwert pendelte meist um 280 ppm, der niedrigste erreichte 180 ppm. In den letzten 10 000 Jahren lag die CO_2-Konzentration konstant bei 250 bis 275 ppm, was dazu führte, dass das Klima weitestgehend stabil war.

Dennoch gab es auch in dieser Zeit einige Klimawechsel: Vor etwa 8200 Jahren gab es eine kurze Kältephase auf der Nordhalbkugel, vor vermutlich knapp 6000 Jahren trocknete die Sahara aus, und als Erik der Rote 982 eine erste Siedlung auf Grönland gründete, nannte er die Insel nicht grundlos Grönland – grünes Land. Damals muss die Insel in einer kur-

CO_2-Gehalt der Atmosphäre seit 1958

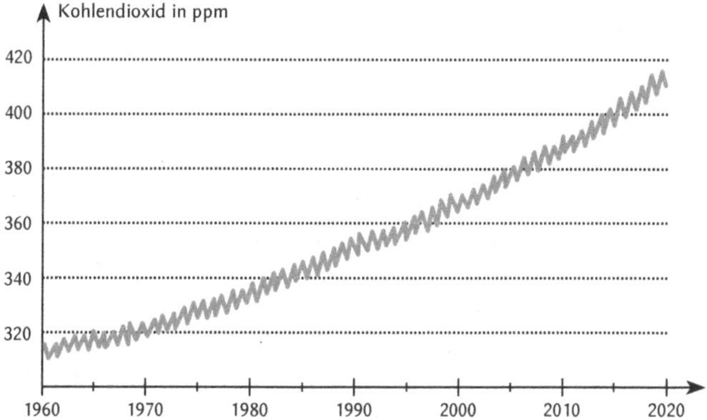

Quelle: World Meteorological Organisation; NOAA Global Monitoring Division and Scripps Institution of Oceanography

zen Warmphase wirklich überwiegend warm, grün und fruchtbar gewesen sein.

Manche Leugner des menschengemachten Klimawandels berufen sich auf solche Veränderungen: Dass Grönland wärmer war oder dass im 17. Jahrhundert die Wasserflächen in den Niederlanden immer monatelang gefroren waren, soll belegen, dass sich das Klima immer schon gewandelt habe und der menschliche Faktor daher unbedeutend sei. Es gab zwar im 17. und 18. Jahrhundert die sogenannte Kleine Eiszeit in Europa, aber zwischen den Klimaschwankungen der Vergangenheit und den heutigen Veränderungen gibt es riesige Unterschiede. Heute erwärmt sich die Erde zum einen schneller, zum anderen nicht bloß regional, sondern weltweit und im selben Zeitraum.

Parallel zum CO_2-Gehalt in der Atmosphäre kann man weltweit einen Temperaturanstieg beobachten. Seit dem 18. Jahrhundert gibt es vielerorts Wetteraufzeichnungen und seit Mitte des 19. Jahrhunderts auch an genügend Orten, um einen globalen Mittelwert auszurechnen. Die Nationale Akademie der Wissenschaften Leopoldina schreibt, dass sich weltweit bis 1940 die Erde leicht erwärmte, »anschließend stagnierte die Temperatur bis in die 1970er Jahre«, obwohl mehr und mehr CO_2 durch die Verbrennung fossiler Energieträger emittiert wurde. Doch es gibt einen ironisch anmutenden Grund dafür, dass die Temperatur in dieser Zeit nicht anstieg: Die Kraftwerke waren dreckig genug. Sie emittierten nicht nur CO_2, sondern auch große Mengen an Aerosolen, an Ruß. Der Himmel über dem Ruhrgebiet beispielsweise war meist rußig-grau, und in den 1950er und 1960er Jahren war es dort wie auch in anderen Industriegebieten unmöglich, Wäsche an der sogenannten frischen Luft trocknen zu lassen – die Luft war nicht frisch, und die Wäsche kam grau von der Leine.

Denn im Ruhrgebiet waren damals allein 75 Zechenkraftwerke (alle mit Kohle betrieben) und weitere 18 Kohlekraftwerke in Betrieb, es gab 82 Hochöfen und zahlreiche Ölraffinerien, und die damalige Bundesbahn und die Werksbahnen unterhielten knapp 2000 Dampfloks.

Und die Aerosole sorgten dafür, dass weniger Sonnenlicht die Erde erreichte, sie schirmten die Wärme ab. (Zu den Aerosolen siehe Kap. »Solar Radiation Management«.)

Der Himmel über der Ruhr müsse wieder blau werden, forderte der damalige SPD-Kanzlerkandidat Willy Brandt im Bundestagswahlkampf 1961. Es dauerte noch einige Jahre, der

Abweichung der globalen Lufttemperatur
vom Durchschnitt der Jahre 1850 bis 1900

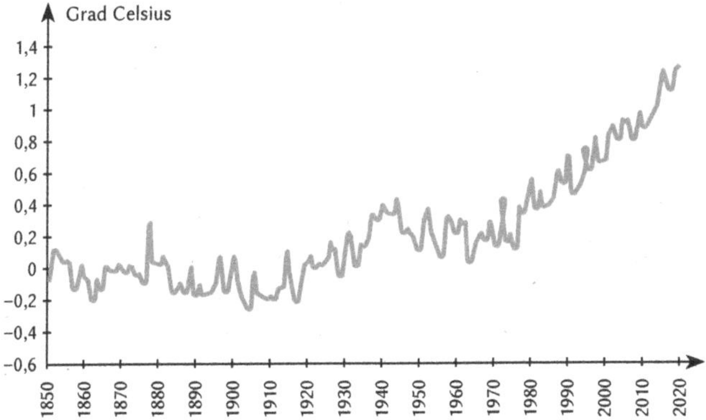

Quelle: Met Office Hadley Centre, Climate Research Unit;
Modell HadCRUT.5.0.1.0; Median der 200 berechneten Zeitreihen

Himmel über den Industriezentren wurde blauer, und die globalen Temperaturen stiegen. Heute kann man festhalten: Der von den Menschen verursachte Anstieg der Treibhausgase (vor allem von Methan und Kohlendioxid) sorgte seit dem 19. Jahrhundert dafür, dass die Temperaturen weltweit im Durchschnitt um 1,2 Grad Celsius anstiegen. Dabei steigen die Temperaturen über dem Land stärker als über dem Meer. Die Landtemperatur liegt heute im Vergleich zum Zeitraum 1850 bis 1900 um etwa 1,7 Grad Celsius höher. In Deutschland liegen die Temperaturen durchschnittlich heute schon um 2 Grad Celsius höher als 1881. Zudem: Die globale Temperatur stieg zuletzt immer schneller: seit 1970 alle zehn Jahre um 0,18 Grad Celsius.

Darin unterscheidet sich auch die augenblickliche globale Klimaerwärmung von der, wie sie natürlicherweise in der Erdgeschichte mehrfach vorkam: Vor etwa 55 Millionen Jahren gab es das sogenannte Paläozän/Eozän-Temperaturmaximum (PETM). Dabei stieg innerhalb von 4000 Jahren die globale Durchschnittstemperatur um rund 6 Grad Celsius – im geologischen Maßstab war das sehr schnell, verglichen mit dem heutigen Anstieg aber ein Schneckentempo.

Menschengemacht

Dass die Klimakrise menschengemacht ist, ist wissenschaftlicher Konsens. »Es ist eindeutig, dass der menschliche Einfluss die Atmosphäre, den Ozean und das Land erwärmt hat«, heißt es im sechsten Sachstandsbericht des Weltklimarats IPCC von August 2021. Denn ohne die Zunahme der Treibhausgase in der Atmosphäre lässt sich die beobachtete Erderwärmung nicht erklären.

Schon 2013 hatte eine Metastudie, sprich eine Studie, die Ergebnisse anderer Studien analysiert und zusammenfasst, ergeben, dass 97 Prozent aller wissenschaftlichen Arbeiten zum Klimawandel zwischen 1991 und 2012 zum Ergebnis kamen, dass der Klimawandel menschengemacht sei. Die restlichen 3 Prozent gaben andere Begründungen an – wie eine stärkere Aktivität der Sonne oder Vulkanismus, teilweise auch Gründe, die einander widersprachen.

Eine neuere Metaanalyse, die an der Cornell University durchgeführt wurde und die mehr als 88 000 wissenschaftliche Studien zum Klimawandel, die im Zeitraum 2012 bis November 2020 erschienen waren, betrachtete, zog im Herbst 2021 ein noch eindeutigeres Fazit. Demnach kommen nun 99,9 Prozent aller Studien zu dem Schluss, der Klimawandel sei menschengemacht. »Das sollte dann so ziemlich das letzte Wort gewesen sein«, zitierte die *Süddeutsche Zeitung* im Oktober 2021 den federführenden Autor der Metastudie Mark Lynas.

Im selben Herbst 2021 hielt das Nobelpreiskomitee in seiner Begründung für die Physik-Nobelpreisträger fest: »Seit wir Menschen uns damit befasst haben, verstehen wir, dass die globale Erwärmung real ist und auf unsere eigenen Aktivitäten zurückzuführen ist.« Es würdigte unter anderem die Arbeit zweier Forscher: des US-Amerikaners Syukuro Manabe und des Deutschen Klaus Hasselmann.

Der Meteorologe und Klimatologe Syukuro Manabe führte in den 1960er Jahren erstmals Computersimulationen zum Klima durch: Er wollte wissen, was in einer 40 Kilometer hohen Luftsäule passiert, wenn diese mit mehr und mehr CO_2 angereichert wird. Das Ergebnis bestätigte seine Vermutungen – am Boden wurde die Luft immer wärmer, je mehr CO_2 hinzugefügt wurde, oberhalb von 20 Kilometern kühler. Was belegte, dass nicht die Sonne, sondern das Kohlendioxid für die Erderwärmung verantwortlich ist. Zudem fragte sich Manabe, was passiere, wenn sich der CO_2-Gehalt in der Atmosphäre verdoppele. Er schätzte 1967, dass sich die Erde um rund 2 Grad Celsius erwärme – und kam damit heutigen Schätzungen, die sich zwischen 2,5 und 4 Grad Celsius bewegen, erstaunlich nahe.

Der Hamburger Meteorologe Klaus Hasselmann erforschte in den 1970er Jahren, inwieweit die Erderwärmung bereits spürbar sei – was also natürliche Schwankung im Wettersystem und was Klimaveränderung sei. Und daran anknüpfend, welchen Anteil der Mensch an der Klimaveränderung habe – er entwickelte die Methoden, mit denen später Klimaforscher bewiesen, dass die globale Erwärmung menschengemacht sei, und zwar durch den Ausstoß von Klimagasen. 1988 sagte er in einem Gespräch mit den *Stuttgarter Nachrichten*:

> In 30 bis 100 Jahren, je nachdem, wie viel fossiles Brennmaterial wir verbrauchen, wird auf uns eine ganz erhebliche Klimaänderung zukommen. Klimazonen werden sich verschieben, Niederschläge anders verteilen. Dann wird man nicht mehr von Zufallsergebnissen reden können. Man sollte sich bewusst werden, dass wir in eine Situation hineinkommen, wo es keine Umkehr mehr gibt. Wir müssen vor allem versuchen, mit Öl und Kohle sparsam umzugehen, denn das Kohlendioxid ist wesentlich an der Treibhauswirkung schuld.

Hasselmann ist heute dennoch erstaunlich optimistisch: In einem Gespräch mit der Wochenzeitung *Die Zeit* im Oktober 2021, an dem auch die deutsche Klimaaktivistin Luisa Neubauer teilnahm, sagte er: »Wir müssen [...] nur von fossilen auf regenerative Energien umsteigen, von Öl, Kohle und Gas auf Sonnen- und Windenergie und Wasserstoff. Technisch ist das recht leicht.«

Klimawissenschaftsleugner

Doch was technisch so leicht erscheinen mag, ist politisch mitunter schwierig. Denn in der Politik ist der Konsens der Forschung noch nicht hundertprozentig akzeptiert. Es sind nicht nur dezidiert wissenschaftsfeindliche Parteien wie die AfD, die dic Erderwärmung und den menschengemachten Anteil daran leugnen, es sind auch Teile der CDU und CSU, die in der sogenannten Werteunion oder dem Berliner Kreis organisiert sind. Die Werteunion in Bayern überschrieb 2020 ihr *Klimamanifest*: »Die Sonne steuert unser Klima, nicht das CO_2.« Und im Text heißt es:

> Alle politischen Klimarettungsmaßnahmen basieren auf der Annahme, dass eine Erhöhung der Kohlendioxidkonzentration (CO_2) die Erde um ein paar Grad Celsius aufheizt – und diese Annahme ist völliger Unsinn.

Vertreter dieser Haltungen werden gemeinhin als Klimaleugner bezeichnet, auch wenn der Begriff wörtlich genommen natürlich nicht stimmt. Dass es ein Klima gibt, wird ja nicht bestritten. International wird meist und treffender von »Climate Science Deniers« gesprochen, von Klimawissenschaftsleugnern, die den wissenschaftlichen Konsens über die Erkenntnisse der Klimaforschung bezweifeln. Dieser wissenschaftliche Konsens ist, wie oben beschrieben, vorhanden, auch wenn es zahlreiche Menschen weltweit gibt, die das in Zweifel ziehen – in Deutschland sollen es etwa 10 Prozent der Bevölkerung sein.

Dass es diese Klimawissenschaftsleugner gibt, hängt mit zweierlei zusammen. Mit Kampagnen derjenigen, die vom weiteren Verbrauch fossiler Energien profitieren, also der Öl- und Kohleindustrie, und auch mit der medialen Aufarbeitung der Klimadebatten. Die meisten Medien verstehen sich als politisch neutral und ausgewogen – sie stellen einer Meinung eine Gegenmeinung gegenüber. Also war es lange üblich, einem Wissenschaftler, der die Position vertrat, der Klimawandel sei

CO_2-induziert und menschengemacht, einen anderen, der das leugnete, gegenüberzustellen. Untersuchungen belegen, dass bis in die frühen 2000er Jahre zumindest US-Medien genau das taten. Das Ergebnis: Die Öffentlichkeit zweifelte, ob der Mensch den Klimawandel auslöste – obwohl es damals schon einen eindeutigen wissenschaftlichen Konsens darüber gab. *False balance* – also ›falsche Ausgewogenheit‹ – nennen Medienkritiker dieses reine Gegenüberstellen von Meinungen. Denn das suggeriert dem Medienkonsumenten, dass beide Positionen wissenschaftlich gleichberechtigt seien.

Desinformationskampagnen

Verschärft wird diese falsche Ausgewogenheit dadurch, dass es seit vielen Jahren gezielte Desinformationskampagnen gibt, die durch Lobbygruppen gesteuert werden.

Drei Beispiele seien exemplarisch genannt.

In der *Huffington Post* wurde 2019 berichtet, dass der US-amerikanischen Kohleindustrie schon 1966 die Brisanz der Klimakrise bewusst war. Artikel in Fachzeitschriften belegen das; dennoch gab die sogenannte American Coalition for Green Coal Electricity Millionen von US-Dollar für PR-Kampagnen gegen gesetzliche Umweltregulierungen in den 2000er Jahren aus. Das Kalkül dahinter war einfach: Jedes Jahr, das ein bereits finanziertes Kohlekraftwerk weiterläuft, sichert hohe Gewinne – und so finanzierte beispielsweise der ehemalige Geschäftsführer des inzwischen insolventen Kohlebergbauunternehmens Murray Energy, Robert E. Murray, laut der *New York Times* Klimawissenschaftsleugner mit einer knappen Million US-Dollar.

Auch der amerikanische Erdölkonzern Exxon wusste bereits 1977, wie das Verbrennen fossiler Energieträger den Klimawandel befeuert. Forscher des Konzerns entwickelten Klimamodelle, und James Black, ein führender Mitarbeiter in der firmeneigenen Forschungsabteilung, sagte damals laut der Rechercheplattform *Inside Climate News* in einem Vortrag: »Wissenschaftler sind sich weitgehend einig, dass Kohlendioxidemissionen aus der Verbrennung von fossilen Treibstoffen der wahrscheinlichste Weg sind, wie die Menschheit das globale Klima beeinflusst.« Und später sprach er davon, dass die Gefahr bestünde, dass sich bei steigender CO_2-Konzentration in der Atmosphäre die globale Durchschnittstemperatur um vermutlich zwei bis drei Grad Celsius erhöhen würde.

Das hielt den Konzern allerdings nicht davon ab, immer wieder öffentlich anzuzweifeln, dass der Klimawandel menschengemacht sei und auch Initiativen finanziell zu fördern, die das ebenfalls taten. Laut Greenpeace soll das Unternehmen dafür mehr als 30 Millionen US-Dollar im Laufe der Jahrzehnte ausgegeben haben.

Die Union of Concerned Scientists, ein Zusammenschluss kritischer US-amerikanischer Wissenschaftler, veröffentlichte 2015 die *Climate Deception Dossiers*, (zu Deutsch etwa ›Klimatäuschungsdossiers‹). Darin enthüllten sie das Memo eines Teams, das die Öffentlichkeitsarbeit des American Petroleum Institute plante, ein Verband der petrochemischen Industrie, zu dessen Mitgliedern auch Unternehmen wie BP, Chevron, ExxonMobil und Shell gehören. In dieser Notiz wird ein Kampagnenfahrplan entworfen; erfolgreich sei die Kampagne zur Klimawissenschaftsleugnung, wenn normale Bürger glaubten, dass die Ergebnisse der Klimawissenschaft nicht gesichert seien.

Das American Petroleum Institute war recht erfolgreich: In einer Umfrage von 2018 gaben nur knapp zwei Drittel aller Befragten in den USA an, sie glaubten, die globale Erwärmung sei menschengemacht.

Zuletzt der französische Erdölkonzern Total: In dessen Hauszeitschrift erschien schon 1971 ein Artikel des Geographieprofessors François Durand-Dastès mit dem Titel »Luftverschmutzung und Klima«. Darin führte er aus, dass die Menschheit seit dem 19. Jahrhundert immer mehr fossile Brennstoffe verbrenne und dadurch große Mengen Kohlendioxid freisetze. In der Folge habe sich der Kohlendioxidgehalt in der Atmosphäre deutlich erhöht, etwa um 15 Prozent innerhalb der letzten 150 Jahre. Schließlich schreibt Durand-Dastès: »Wenn der Verbrauch von Kohle und Öl in den kommenden Jahren im gleichen Rhythmus bleibt, wird die Kohlendioxidkonzentration um 2010 400 ppm erreichen« – was fast zutraf, sie lag nur unwesentlich darunter. Er befürchtete einen Anstieg der globalen Durchschnittstemperatur mit teilweise katastrophalen Folgen.

Doch aus der Erkenntnis folgte nichts. Im Gegenteil: Auch Total beteiligte sich in den 1980er und 1990er Jahren an den Kampagnen der internationalen Ölindustrie zur Klimawissenschaftsleugnung.

In den USA sind die Klimawissenschaftsleugner besonders aktiv und erfolgreich. Allen voran marschiert das Heartland Institute, eine konservative Denkfabrik, die das Wirtschaftsmagazin *The Economist* als den »weltweit prominentesten Thinktank, der Zweifel am menschengemachten Klimawandel sät« charakterisierte. Und laut der englischen Zeitung *The Guardian* wird das Heartland Institute von der fossilen Energieindustrie finanziert. Es sei dafür bekannt, dass es »radikal antiwissenschaftliche« Positionen zur Klimakrise verbreitet.

Das Heartland Institute arbeitet weltweit mit Partnern zusammen. In Deutschland, wie Recherchen des Rechercheverbundes Correctiv herausfanden, recht eng mit dem Europäischen Institut für Klima & Energie (EIKE), das aber, anders als der Name vermuten lässt, kein wissenschaftliches Institut, sondern ein eingetragener Verein ist. EIKE rühmt sich dafür, »Klima- und Energiefakten ideologiefrei darzustellen, Kongresse auszurichten und Veröffentlichungen zur Klimaforschung zu verbreiten«, wird aber von Fachwissenschaftlern als unseriöse Lobbyorganisation beschrieben. Der Kommunikationswissenschaftler Wolfgang Schweiger von der Universität Hohenheim bezeichnete EIKE in einer Studie als eine Vereinigung, die den Klimawandel »mit fragwürdigen Studien und gefälschten Daten leugnet«.

It's real, it's bad

Fakt ist: »It's real, it's us, it's bad, experts agree.« Das sind die ersten acht Worte des Statements von Anthony Leiserowitz. Ob es Hoffnung gibt, das hängt davon ab, inwieweit die globalen Temperaturen noch steigen werden. Dass sie steigen, ist gewiss. Denn selbst wenn es uns gelingen würde, sofort alle Emissionen zu stoppen – der bisherige Temperaturanstieg wäre nicht rückgängig zu machen: Es würde – so die Aussage des Weltklimarates IPCC (siehe Kap. »Der IPCC«) – mehrere Jahrhunderte oder Jahrtausende dauern, bis das zusätzliche CO_2 wieder aus der Atmosphäre verschwunden wäre, abhängig davon, welchen Anteil (wie viele ppm CO_2 in der Atmosphäre)

Jährliche mittlere Tagesmitteltemperatur in Deutschland von 1880 bis 2020

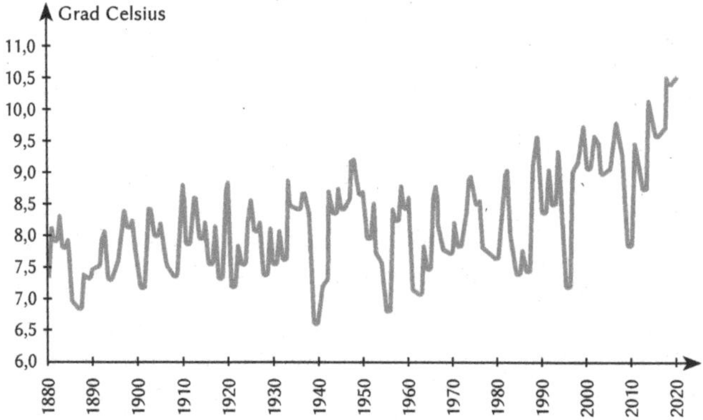

Quelle: Deutscher Wetterdienst (DWD), Mitteilung vom 8. 4. 2021; NASA/GISS

man als »normal« ansieht – der Autor dieser Zeilen wurde bei etwa 315 ppm CO_2 und einer etwas mehr als 1 Grad Celsius kühleren Durchschnittstemperatur in Deutschland als heute geboren; da kann man ablesen, wie alt ich heute bin.

Sie steigen also. Aber wie warm es werden wird, hängt von verschiedenen Faktoren ab. Im allerbesten Fall, so hoffen die Wissenschaftler:innen, kann die Erderwärmung auf 1,5 bis 2 Grad Celsius beschränkt werden. Das klappt, wenn es der Menschheit gelingt, bis spätestens 2070, besser wäre 2050, den Anteil an CO_2 in der Atmosphäre zu stabilisieren – das heißt, wenn dann nur so viel CO_2 in die Atmosphäre emittiert wird wie gleichzeitig durch natürliche CO_2-Senken aufgefangen wird oder aus der Atmosphäre zurückgewonnen werden kann.

Weniger hoffnungsfrohe Szenarien – oder vielleicht realistischere, denn momentan steigert die Menschheit ihre CO_2-Emissionen noch – gehen von einer Erderwärmung von deutlich über 2 Grad Celsius aus – es könnten bis zum Jahr 2100 leicht 4 bis 5 Grad Celsius werden. Oder auch mehr, sollten bestimmte Kipppunkte erreicht werden.

Als Kipppunkt werden bestimmte Punkte/Stellen/Ereignisse im globalen System bezeichnet, deren Veränderung nicht mehr reversibel sind und die weitere Veränderungen nach sich ziehen. So werden beispielsweise in den Permafrostgebieten Sibiriens und Alaskas in den letzten Jahren immer wieder Hitzerekorde gemessen – im Sommer 2020 und 2021 gab es am Polarkreis in Alaska und Sibirien Temperaturen von über 35 Grad Celsius. Die oberen Bodenschichten, einst eine feste gefrorene Masse, tauen dort immer tiefer auf. Das führt dazu, dass pflanzliche und tierische Biomasse, die dort bislang in der Kälte eingeschlossen war, leichter und schneller zersetzt wird. Dabei werden wiederum große Mengen an dort noch gebundenem CO_2 und Methan freigesetzt – die dann die Atmosphäre anreichern und so zur weiteren Erderwärmung beitragen.

Steigender Meeresspiegel, Hitze, Dürren und Krankheiten

Die Auswirkungen des Klimawandels sind bekannt: Der Meeresspiegel etwa wird drastisch steigen. Laut dem Weltklimarat IPCC ist der globale Meeresspiegel zwischen 1901 und 2015 bereits um 19,5 cm gestiegen. Prognosen gehen von einem weiteren Anstieg aus – eine Erhöhung von einem Meter halten viele Wissenschaftler:innen für nicht ausgeschlossen (manche rechnen mit durchaus mehr). In Europa würde ein Anstieg von einem Meter bedeuten, dass beispielsweise in den Niederlanden fast 50 Prozent der Landesfläche unbewohnbar wären, nach heutigem Stand wären davon mehr als 5 Millionen Menschen betroffen. In Deutschland wären es 4 Prozent der Landesfläche, mehr als 1,5 Millionen Menschen müssten umsiedeln. Das Gesicht der Nordseeküste würde sich dramatisch verändern. Die Ostfriesischen und die Nordfriesischen Inseln lägen wahrscheinlich unter dem Meeresspiegel, Orte wie Emden, Norden und Wilhelmshaven auch, andere wie Papenburg, Oldenburg oder auch Hamburg wären bedroht. An der Ostsee könnten der Darß, Rügen und Usedom unter dem Meeresspiegel liegen.

Statistiken zeigen, dass beispielsweise der Meeresspiegel der Nordsee bei Cuxhaven seit 1981 um gut zehn Zentimeter gestiegen ist. Lag er 1981 bei 507,97 Zentimeter, so war er 2015 nach Messungen des Umweltbundesamtes auf schon 516,84 Zentimeter gestiegen.

Außerhalb Europas stellt sich das dramatischer dar: In Bangladesch müssten Zigmillionen Menschen umsiedeln. Insgesamt leben weltweit die meisten Menschen in Küstenregionen.

Zusätzlich führt die Erderwärmung zum Aufheizen der Meere. Seit 1990 haben die Ozeane rund neun Zehntel der durch den Treibhauseffekt zusätzlich erzeugten Wärme aufgenommen. Und manche Lebewesen dort, wie Korallen, reagieren sehr empfindlich auf höhere Temperaturen – Wissenschaftler:innen gehen davon aus, dass bei einem weltweiten Temperaturanstieg von 1,5 Grad Celsius etwa 95 Prozent aller Korallenbestände absterben werden. Nun sind Korallen nicht nur hübsch anzusehen – sie bilden zudem Riffe, die Küsten schützen und in denen zahlreiche Fischarten geschützte Rückzugsräume zum Laichen finden. Ihr Absterben wird sich also weltweit auf die Fischbestände auswirken.

Dramatisch ist auch der Rückgang der Eisflächen weltweit. Der Eisschild Grönlands könnte bei einer Erderwärmung von 1,6 Grad Celsius komplett abtauen, was einen großen Einfluss auf das Klima Europas hätte. In der Antarktis wird der Gletscherrand, das Schelfeis, immer instabiler. Mitte 2021 entdeckten Wissenschaftler mit Satellitenmessungen ein Netz aus kilometerlangen Rissen in jenem Teil des Schelfeises, das sich vor dem Thwaites-Gletscher erstreckt. Das Problem: Das Schelfeis sorgt normalerweise dafür, dass das Eis des Gletschers nicht vom Festland ins Meer läuft. Bricht das Schelfeis auf, wird der Abfluss schneller und der globale Meeresspiegel steigt.

Wo Polareis taut, wird wesentlich weniger einfallendes Sonnenlicht reflektiert. Dadurch verringert sich der Albedo-Effekt – die Rückstrahlung der Sonnenstrahlen. Die Sonne heizt die dunkleren Böden oder das Meerwasser auf, was wiederum die Eisschmelze verstärkt – ein klassischer sich selbst verstärkender Effekt oder Kipppunkt. Taut Grönland komplett ab, steigt der globale Meeresspiegel vermutlich um sieben Meter, taut auch die Antarktis komplett ab, sind es noch einmal gut 50 Meter.

Inlandsgletscher dienen vor allem in asiatischen Ländern und in Teilen Lateinamerikas mehreren Millionen Menschen als Wasserquelle. In Europa ist der Klimawandel im Alpenraum am deutlichsten messbar. Seit 1970 hat sich das Klima in den Alpen um etwa 1,8 Grad Celsius erwärmt. Das hat Folgen: die Trinkwasservorräte können mancherorts knapp werden, andererseits sorgt Starkregen für mehr und schwerere Hochwässer, auch Lawinen oder Geröll- und Schlammmuren werden häufiger. Die Permafrostschicht, eine Schicht aus Sediment, Fels und Erde, die normalerweise ganzjährig durchgehend gefroren bleibt und so die Felsen stabilisiert, taut auf und sorgt für Steinschläge, Felsstürze und sogar absackende Berghütten.

Zusätzlich führt der Klimawandel zu mehr Wetterextremen wie Wirbelstürmen, Starkregen, oder langanhaltende Trockenheiten. Nahezu keine Region der Erde ist in den letzten Jahren von Wetterkatastrophen verschont geblieben, die es vorher in solcher Häufung nicht gab. »Es ist statistisch anspruchsvoll, bei Extremwettern eine Zunahme nachzuweisen. Das hat mit der Seltenheit von Extremen und den historischen Messdaten zu tun«, schreibt die Nationale Akademie der Wissenschaften Leopoldina. Aber sie schreibt auch:

> Im Jahr 2019 hat das Expertengremium der meteorologischen Weltorganisation WMO zu Tropenstürmen erstmals gefolgert, dass es eine messbare weltweite Zunahme von Tropenstürmen von Hurrikan-Stärke seit Anfang der 1980er Jahre gibt.

Und verheerende Flutkatastrophen wie die an der Ahr, bei der im Sommer 2021 mehr als 220 Menschen ums Leben kamen, werden durch die Klimaveränderungen wahrscheinlicher: Die World Weather Attribution (WWA), ein Zusammenschluss internationaler Wissenschaftler vom Deutschen Wetterdienst, der Universität Oxford, der ETH Zürich und dem britischen Met-Office, kam in ihrer Analyse der Katastrophe zu dem Schluss, dass die Wahrscheinlichkeit für solche extremen Regenfälle sich durch den bisherigen menschengemachten

Temperaturanstieg um das 1,2- bis 9-Fache erhöht hat. Auch die Regenmenge sei zwischen 3 und 19 Prozent gestiegen. Zwar sei die Bandbreite der Ergebnisse groß, die Tendenz aber eindeutig.

Nicht zuletzt wirken sich klimatische Veränderungen auf die Ernährung der Menschheit aus: Der Temperaturanstieg und die Verschiebung von Klimazonen sorgen für eine Veränderung auch der Anbaugebiete von Lebensmitteln. Dürren nehmen großflächig zu, die verbleibende Landmasse, auf der problemlos Nahrungsmittel produziert werden können, wird geringer. Dadurch wird es schwieriger werden, die noch wachsende Menschheit zu ernähren.

Gleichzeitig schaden Klimaveränderungen der Gesundheit direkt: Hitzestress sorgt für direkt erhöhte Sterblichkeit. Heute leben 30 Prozent der Menschheit in Gebieten, in denen an mindestens 20 Tagen im Jahr potentiell tödliche Hitze herrscht. Heizt sich die Erde insgesamt um ein weiteres Grad auf, wird knapp die Hälfte der Weltbevölkerung in solchen Regionen leben. Steigt die Temperatur weiter, werden auch Teile Griechenlands, Italiens, Spaniens oder Südfrankreichs von solcher Hitze betroffen sein – in den letzten Jahren konnte man dort im Sommer Vorboten solcher Hitzewellen erleben.

Zwei Grad Erwärmung bedeutet in Deutschland konkret: Das Leben wird ungemütlich. Gab es beispielsweise im Südwesten von 1971 bis 2000 im Schnitt an 30 Tagen Temperaturen von über 25 Grad Celsius, werden es Mitte des Jahrhunderts bis zu 80 Tage sein – bei Spitzenwerten von 45 Grad Celsius. Dann wird es in Stuttgart an 70 Tagen heißer als 30 Grad Celsius sein. Hamburg fühlt sich dann an wie heute Pamplona, Berlin wie Toulouse. Städte werden Kälteräume einrichten müssen, und Altenheime müssen dauerhaft klimatisiert sein.

Treibhausgase, ihre Entstehung und ihr Verhältnis untereinander

Kohlendioxid oder Kohlenstoffdioxid (CO_2). Das geruchs- und farblose Gas – eine Verbindung von Kohlenstoff und Sauerstoff – entsteht vor allem bei der Verbrennung fossiler Energieträger wie Kohle, Öl oder Erdgas. Aber auch bei der Verrottung von Holz wird Kohlendioxid freigesetzt. Es ist ein natürlicher Bestandteil der Luft. Das Gas ist wasserlöslich und wird, wenn es in sprudelnden Erfrischungsgetränken gelöst ist, umgangssprachlich auch als »Kohlensäure« bezeichnet. Große Kohlendioxidspeicher sind Bäume, Moore und die Ozeane. Kohlendioxid hat eine durchschnittliche Verweildauer in der Atmosphäre von 120 Jahren.

In Texten zum Klima taucht der Begriff CO_2 – Kohlendioxid – häufig auf. Das liegt zum einen daran, dass CO_2 das am häufigsten vorkommende der sogenannten Klimagase ist, zum anderen daran, dass Kohlendioxid bei der Berechnung der klimaverändernden, vom Menschen erzeugten Gase die zentrale Rolle spielt. Denn menschliche Aktivitäten oder Treibhausgase werden international in sogenannte **CO_2-Äquivalente** umgerechnet. Beispielsweise trägt Methangas ungleich stärker zum Treibhauseffekt bei als Kohlendioxid. Wird nun beispielsweise durch eine technische Maßnahme der Methanausstoß um eine Tonne reduziert, entspricht das einer Reduktion von etwa 25 Tonnen Kohlendioxid anderswo. Ein Kilogramm irgendwo gespartes Lachgas entspräche sogar 298 Kilogramm CO_2. Deshalb müsste man eigentlich immer von Kohlendioxid-Äquivalenten, abgekürzt **CO_2e** sprechen, abgeleitet vom international gebräuchlichen Kohlenstoff-*equivalent*. Aber im Alltag hat sich die einfachere Bezeichnung CO_2, Kohlendioxid, durchgesetzt, die deshalb auch in diesem Buch verwandt wird.

Methan mit der Formel CH_4 ist normalerweise ebenfalls ein farb- und geruchloses Gas. Es ist brennbar, nicht wasserlöslich und bildet mit Luft explosive Gemische. Es entsteht beispielsweise, wenn organisches Material unter Luftausschluss abgebaut wird, also in der Landwirtschaft oder in den Mägen von Lebewesen, vor allem von Kühen. Eine Kuh produziert je nach Fütterung und Rasse zwischen 400 und 700 Liter Methan am Tag, also ungefähr 7 Kilogramm CO_2-Äquivalente. Im Jahr sind das etwa 2,5 Tonnen – was dem entspricht, was ein kleineres Auto auf 12 000 Kilometern emittiert. Die Milchwirtschaft sowie die Rinderzucht sind in Deutschland für etwa ein Fünftel der gesamten CO_2-Äquivalente der Landwirtschaft verantwortlich. Zur Ehrenrettung der Kuh muss aber gesagt werden: Nicht die Kuh ist der Klimasünder. In einer extensiven Weidewirtschaft würde das Vieh eher klimaneutral wirken, weil es Gras frisst, das dann wieder wächst und CO_2 bindet. Der Mensch ist der Klimasünder, weil er das arme Vieh in Massentierhaltung hält und mit extra angebautem Kraftfutter zu Höchstleistungen treibt.

Auch im Reisanbau wird viel Methan freigesetzt, ebenso in Kläranlagen oder auf Mülldeponien, auf Erdölfeldern und in Raffinerien. Dort wird es zumeist einfach verbrannt, mit bläulichheller Flamme, wobei Kohlendioxid und Wasserstoff entstehen. Der Grund für diesen verschwenderischen Umgang mit Methan ist, dass es derzeit wirtschaftlich nicht rentabel ist, aus dem Gas den Energieträger Methanol zu gewinnen – etwas, woran zum einen geforscht wird und was sich durch eine stärkere Bepreisung von Emissionen ändern könnte. Methan ist etwa 25-mal so klimawirksam, sprich schädlich wie CO_2.

Lachgas. Offiziell heißt das Gas **Distickstoffmonoxid, N_2O**. Der Name verrät bereits, wodurch von dem Klimagas so viel in die Atmosphäre gelangt: Ein Bestandteil ist Stickstoff und dieser wird durch Verbrennungsvorgänge, aber vor allem durch intensiv betriebene Landwirtschaft freigesetzt – die stickstoffhaltigen Düngemittel in der Landwirtschaft übernehmen den Löwenanteil des menschlich verursachten Lachgasausstoßes. Dieser könnte durch Verzicht auf künstliche Düngung schnell reduziert werden: In der ökologischen Landwirtschaft entsteht rund 40 Prozent weniger Lachgas pro Hektar als in der konventionellen. Lachgas ist etwa 298-mal so klimaschädlich wie CO_2.

Fluorierte Gase. Im Unterschied zu den anderen Treibhausgasen werden die fluorierten Gase wie teilhalogenierte Fluorkohlenwasserstoffe (HFKW), Fluorkohlenwasserstoffe (FKW), Schwefelhexafluorid (SF_6) und Stickstofftrifluorid (NF_3) überwiegend gezielt produziert und eingesetzt. Und zwar als Kältemittel in Kälte- und Klimaanlagen, als Treibgas in Sprays, als Treibmittel in Schäumen und Dämmstoffen und als Feuerlöschmittel – ähnlich wie früher Fluorchlorkohlenwasserstoffe (FCKW) und Halone, die für die Zerstörung der stratosphärischen Ozonschicht verantwortlich sind und für die 1987 im Montrealer Protokoll ein weltweit gültiger Ausstiegsfahrplan aus der Produktion und Verwendung beschlossen und nach und nach umgesetzt wurde. Die Fluorierten Gase haben ein immens hohes Treibhauspotential: Es liegt zwischen dem 100-fachen und dem 24 000-fachen von Kohlendioxid.

Rio, Kyoto und Paris – internationale Klimapolitik und ihre Probleme

Das erste Problem der internationalen Klimapolitik ist, sie überhaupt zu verstehen. Denn in den 30 Jahren internationaler Konferenzen und Vereinbarungen hat sich eine Art von Fachsprache entwickelt, die ausdifferenziert ist, oft mit Abkürzungen spielt, die zudem häufig aus dem Englischen stammen und die auch nicht immer, eher selten, von deutschen Umwelt- oder Nichtregierungsorganisationen, Behörden, mitunter auch Journalist:innen ins Deutsche oder ins Verständliche übertragen werden. Es wimmelt von COPs und Caps, ETSs und ESRs – Eingeweihte sprechen zu Eingeweihten – vielleicht will man auch nur zeigen, dass man zum erlauchten Kreis derjenigen gehört, die alle Feinheiten verstanden haben.

So viel vorab. Und nun zu den COPs.

2021 tagte in Glasgow die sogenannte COP26. COP hat nichts mit der Polizei zu tun, es handelt sich dabei vielmehr um die Abkürzung für die **Conference of the Parties**. Bei der jährlich stattfindenden COP treffen sich die Staaten, die die UN-Klimarahmenkonvention unterzeichnet haben. Diese wurde vor 30 Jahren, am 9. Mai 1992, in New York verabschiedet und noch im selben Jahr in Rio de Janeiro von 154 Staaten auf der Konferenz der Vereinten Nationen über Umwelt und Entwicklung (UNCED) unterzeichnet.

COP26 bedeutet nun, dass sich seither die Vertragsstaaten 26-mal zu einer UN-Klimakonferenz getroffen haben, um darüber zu beraten, wie es gelingt, den menschengemachten Klimawandel aufzuhalten, die globale Erwärmung zu verlangsamen und ihre Folgen zu mildern.

26-mal hat man sich bislang getroffen, oft mit großen Hoffnungen, und was in Rio de Janeiro noch sehr dynamisch begann, entwickelte sich mal mehr, mal weniger positiv. Es gab Mut machende Konferenzen und solche, auf denen die Klimakrise eher nur verwaltet wurde – aber allein schon, dass man sich international darauf verständigte, dass man die Atmosphäre nicht beliebig belasten kann, dass der Klimawandel ein international zu handhabendes Problem sei, aus dem sich die Staaten nicht nach Belieben heraushalten können, allein das erschien zunächst schon als Erfolg.

Zunächst – doch leider reicht das schon lange nicht mehr.

Freiwilligkeit und Interessenlagen

Die Crux bei internationalen Abkommen ist: Sie sind immer freiwillig, es gibt keine Weltregierung, die per Gesetz einfach international Klimaschutz durchsetzen kann. Und da unterschiedliche Staaten unterschiedliche Ziele haben, sind sie auch unterschiedlich stark im Klimaschutz aktiv. Einfache Beispiele dafür lassen sich leicht finden: Staaten, die unmittelbar von der Klimakrise betroffen sind, haben ein stärkeres Interesse daran, Klimaschutz zu betreiben als solche, die die Folgen bislang nicht spüren – und zudem noch Geld mit fossilen Rohstoffen erwirtschaften: So hielt die Regierung der Malediven bereits 2009 im Vorfeld der UN-Klimakonferenz in Kopenhagen eine Pressekonferenz zur Klimakrise unter Wasser ab, da die Inselgruppe schon bei einem Anstieg des Meeresspiegels um einen halben Meter existentiell gefährdet ist. Während mehr oder weniger zeitgleich andere Länder lang und breit erklärten, warum sie auf die Förderung und Verbrennung fossiler Energieträger nicht verzichten könnten. Solidarität untereinander ist so schwer zu organisieren.

Und internationale Vereinbarungen sind daher schwer zu verhandeln. Die nationalen Interessen herrschen vor – spart Land X überaus viel CO_2 ein, denkt Land Y, dass es weiter wie bisher wirtschaften könne. Man profitiert vom Klimaschutz der anderen, ohne selbst Kosten zu haben. Dass das eventuell etwas kurzfristig gedacht ist, spielt dabei zunächst keine Rolle. Man scheint ja auf der Seite der (wirtschaftlichen) Gewinner zu stehen – aber denken dann zu viele Staaten genau so, gibt es am Ende nur Verlierer, weil ja kein wirksamer Klimaschutz entsteht.

So ist vielleicht erklärlich, dass bei vielen Verhandlungsrunden nur wenig herauskam – viele Absichtserklärungen, aber wenig konkrete Handlungen.

Die erste von der UN veranstaltete Weltklimakonferenz fand sogar schon viel früher als das Treffen in Rio de Janeiro statt. Bereits 1979 trafen sich in Genf Vertreter:innen verschiedener UN-Organisationen zur First World Climate Conference und sprachen über Möglichkeiten zur Bekämpfung des Klimawandels. Sie warnten davor, dass die Vernichtung der Waldbestände und die weitere Nutzung fossiler Brennstoffe zu einem »massiven Anstieg der atmosphärischen Kohlendioxidkonzentration führen« werde. Weitere Konferenzen folgten, schließlich mündeten die UN-Aktivitäten in den jährlichen COPs, obwohl es parallel noch weitere Treffen auf der staatlichen und nichtstaatlichen Ebene gab und gibt.

Betrachtet man die COP-Klimakonferenzen genauer, sind es vor allem drei, die bedeutsam waren: Die erste in Rio aus den bekannten Gründen (Verabschiedung der UN-Klimarahmenkonvention), die dritte 1997 in Kyoto sowie die 21. 2015 in Paris.

Ein Treffen in Japan – und ein Protokoll

Auf der Konferenz von Kyoto wurde am 11. Dezember 1997 das sogenannte Kyoto-Protokoll verabschiedet, das seit dem 16. Februar 2005 als Kyoto-Abkommen in Kraft ist. Dass dies mehr als sieben Jahre dauerte, lag an zwei komplizierten Quoren: Zum einen mussten mindestens 55 Vertragsstaaten das Protokoll ratifizieren – sprich, es reichte nicht nur die Unterschrift unter dem Protokoll, sondern es war die Zustimmung der jeweiligen nationalen Parlamente erforderlich – zum anderen mussten die Staaten, die das Protokoll ratifiziert hatten, für mindestens 55 Prozent aller globalen CO_2-Emissionen verantwortlich sein. Da die USA, die unter der Regierung Clinton und Gore bei den Verhandlungen maßgeblich mit dafür verantwortlich waren, dass das Protokoll überhaupt unterschriftsreif wurde, sich später weigerten, das Protokoll zu ratifizieren, fehlten ein paar Prozent an den erforderlichen 55 – damals waren die USA weltweit der größte CO_2-Emittent. Erst als Russland im Herbst 2004 das Protokoll ratifizierte, konnte es dank der russischen Emissionen, die nun angerechnet wurden, als Kyoto-Abkommen in Kraft treten.

Das Kyoto-Abkommen legte erstmals verbindliche Zielwerte für den Ausstoß von Treibhausgasen fest.

Das Kyoto-Abkommen war gut durchdacht: Es verlangte von den wirtschaftlich stärkeren Staaten mehr, und insgesamt hingen die Vorgaben für die Einsparziele der einzelnen Länder von deren wirtschaftlicher Stärke ab. Die Industrieländer verpflichteten sich dazu, ihre Emissionen im Zeitraum von 2008 bis 2012 um durchschnittlich 5,2 Prozent gegenüber dem Stand von 1990 zu reduzieren. Ein Ziel, das global erreicht wurde, auch wenn die USA 2001 die Ratifikation des Protokolls ablehnten und Kanada im Dezember 2011 seinen Ausstieg aus dem Abkommen bekannt gab. Beide Länder verfehlten die ihnen ursprünglich zugeschriebenen Ziele deutlich – Kanada um 24,5 Prozent, die USA um 16,5 Prozent.

Für die Staaten der Europäischen Union, die damals 15 Mitglieder hatte, gab es ein Gesamtziel von 8 Prozent Einsparung, das die EU-Mitglieder dann untereinander erneut aufteilten. Deutschland verpflichtete sich beispielsweise zu 21 Prozent Einsparung, Großbritannien zu 12,5 Prozent und die Niederlande zu 6 Prozent. Frankreich, das im Basisjahr 1990 für einen verhältnismäßig geringen CO_2-Ausstoß verantwortlich war, versprach, diesen Wert nicht zu überschreiten.

Die »Volkswirtschaften im Übergang«, wie die früheren sozialistischen Staaten bzw. deren Nachfolgestaaten in Mittel-, Ost- und Südosteuropa bezeichnet wurden, sagten wie Russland und die Ukraine zu, die Emissionen von 1990 nicht zu überschreiten oder die Emissionen gar zu senken (so beispielsweise Ungarn, Polen, Lettland, Litauen, Tschechien, Rumänien). Alle Staaten erreichten problemlos diese Ziele, da ihre Wirtschaft sich nach dem Zusammenbruch 1990 noch längst nicht erholt hatte.

Auch das deutsche Ziel – die Emissionen im Vergleich zu 1990 um 21 Prozent zu senken – wurde genau deswegen erreicht: Die Wirtschaft der ehemaligen DDR war zusammengebrochen, und emittierende Industrien waren, weil nicht konkurrenzfähig, großflächig stillgelegt worden. Hinzu kam für alle Industrienationen, dass die globale Wirtschaft nach der Finanzkrise 2007/2008 erst einmal lahmte und auch hierdurch weniger Emissionen erzeugt wurden.

Für Schwellen- und Entwicklungsländer gab es dagegen wegen ihrer geringen Pro-Kopf-Emissionen keine festgelegten Reduktionsmengen. Zudem ging man damals noch davon aus, dass die Zuwächse des CO_2-Ausstoßes in den Schwellenländern zu gering seien, um für den Klimawandel relevant zu sein.

Ein Irrtum, wie man später erkannte.

Das Kyoto-Abkommen legte auch fest, wie sich Länder mit sogenannten Flexiblen Mechanismen die Umsetzung ihrer Verpflichtungen erleichtern konnten: Drei Methoden dafür gab es, nämlich das sogenannte »Emission Trading«, das »Joint Implementation« und den »Clean Development Mechanism«.

Drei schwer zu verstehende Begriffe, allein schon die Übersetzung macht Schwierigkeiten. Am einfachsten ist noch das »Emission Trading«, zu Deutsch der ›Emissionshandel‹ zu verstehen. Die Grundidee dahinter ist, dass ein Staat von einem anderen sogenannte Verschmutzungsrechte kaufen kann. Denn letztlich ist es ja egal, wo die CO_2-Emissionen eingespart werden – wenn also ein Land seine Verschmutzungsrechte nicht braucht, weil seine Industrie weniger fossile Brennstoffe benötigt, kann es diese an ein anderes verkaufen.

Das »Joint Implementation« – am besten als ›gemeinsame Umsetzung‹ übersetzbar – bedeutet, dass ein Industriestaat A gemeinsam mit und in einem anderen Staat B beispielsweise eine Wind- oder Wasserkraftanlage baut. A finanziert das Projekt, und erhält dafür die eingesparten Emissionen gutgeschrieben.

Ähnlich funktioniert der »Clean Development Mechanism« (CDM) – ›Mechanismus für umweltfreundliche Entwicklung‹. Mit ihm sollen Länder des Globalen Südens, also Länder, die früher Entwicklungs- und Schwellenländer genannt wurden, unterstützt werden, sich nachhaltig zu entwickeln. In diesen Ländern werden Maßnahmen zur Emissionsminderung finanziert und von den Industrieländern umgesetzt. Die eingesparten Emissionen können sich die finanzierenden Industrieländer gutschreiben. Im Idealfall entsteht eine Win-win-Situation: Es gibt CO_2-Einsparungen, die ansonsten nicht entstanden wären, und gleichzeitig findet ein Transfer nachhaltiger Technologien in weniger entwickelte Länder statt.

Doch Ideal und Realität unterscheiden sich oftmals: Kritiker des CDM werfen diesem vor, dass er viele Schlupflöcher böte – so habe er am Ende nur dazu geführt, dass Projekte realisiert wurden, die sowieso geplant gewesen und gebaut worden wären. Die Industrieländer hätten doppelt profitiert: einmal durch die Projekte, zum anderen dadurch, dass sie sich noch Emissionen gutschreiben durften.

Im Kern ist sehr umstritten, was das Kyoto-Protokoll tatsächlich bewirkte: Politisch ist positiv zu bewerten, dass sich die Staaten nach langem Ringen auf konkrete Ziele einigen konnten – auch wenn wichtige Staaten – wie die USA, Kanada oder auch Australien – das Protokoll nicht ratifizierten.

Insgesamt bleibt die Bilanz aber negativ – vor allem da das Kyoto-Protokoll nicht verhindern konnte, dass die weltweiten CO_2-Emissionen weiter stiegen.

Als es ab 2012 um die Verlängerung des Protokolls und neu zu vereinbarende Ziele ging, scherten auch Länder wie Japan, Russland, China und Indien aus der Gruppe der ratifizierenden Staaten aus. Am Ende, nach langen ermüdenden Debatten auf einer COP nach der anderen, waren die Staaten, die auch die zweite Runde des Kyoto-Protokolls ratifizierten, nur noch für 15 Prozent der weltweiten CO_2-Emissonen verantwortlich. Und damit war weltweiter Klimaschutz erst einmal wieder vertagt.

Konflikte – wer zahlt für den Klimaschutz?

Seit Bestehen der internationalen Klimaverhandlungen gibt es einige Konflikte, die sich durch alle Verhandlungen hindurchziehen. Es sind vor allem Konflikte zwischen den Industriestaaten und den Ländern des Globalen Südens. Konkret geht es darum, welche Länder ihre Emissionen um wie viel Prozent senken müssen und wer die Kosten dafür sowie für Anpassung an den bislang schon vollzogenen Klimawandel übernimmt.

Die Argumentationslinien sind einfach. Hauptschuld am bisherigen Klimawandel tragen für die Länder des Globalen Südens die Industrieländer. Sie hätten durch die Nutzung fossiler Energieträger die bisherige Erderwärmung ausgelöst. Zugleich könne man den Ländern des Südens nicht verwehren, sich auch wirtschaftlich und industriell zu entwickeln. Deshalb seien zunächst die Industrieländer gefordert: zum einen, für die Kosten des bisherigen Klimawandels aufzukommen, zum anderen, ihre Treibhausgase zu reduzieren. Sie hätten eine historische Verantwortung dafür.

Treibhausgasemissionen der Länder

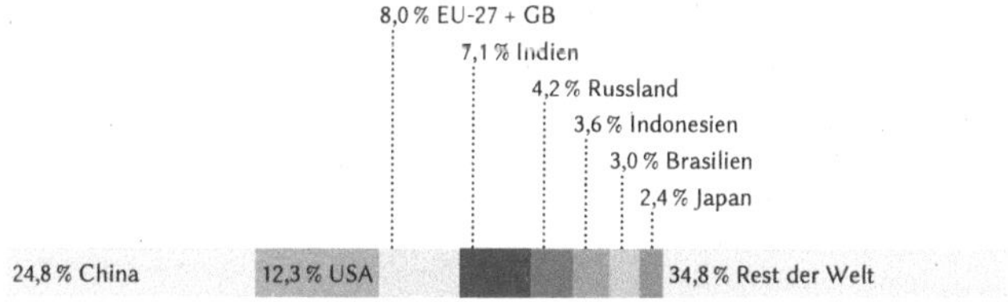

Treibhausgasemissionen der Länder pro Kopf

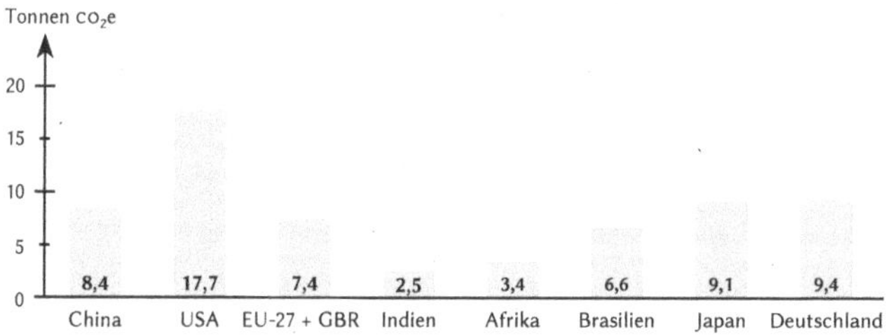

Quelle: www.climatewatchdata.org, Daten für das Jahr 2018

Eine Argumentation, die durchaus schlüssig ist – Kohle wird in industriellem Maßstab seit etwa 1750 gefördert, Öl und Gas seit etwa 1850. In Europa, den USA und auch Japan wurden seither die meisten Treibhausgase in die Atmosphäre geblasen, und Treibhausgase wie CO_2 haben die Eigenschaft, etwa 100 bis 120 Jahre in der Atmosphäre zu verbleiben. Der heutige Klimawandel ist also das Ergebnis der Treibhausgasemissionen der letzten 200 Jahre.

Nun sieht das heute anders aus: Die meisten Treibhausgase pustet momentan China in die Atmosphäre. Es sind etwa 25 Prozent der weltweiten Menge. Es folgen als weitere größte Verschmutzer die USA (etwa 13 Prozent), Indien (etwa 7 Prozent), die Europäische Union (knapp 6,5 Prozent, darin

Anteile der Länder an den CO_2-Emissionen ab 1750

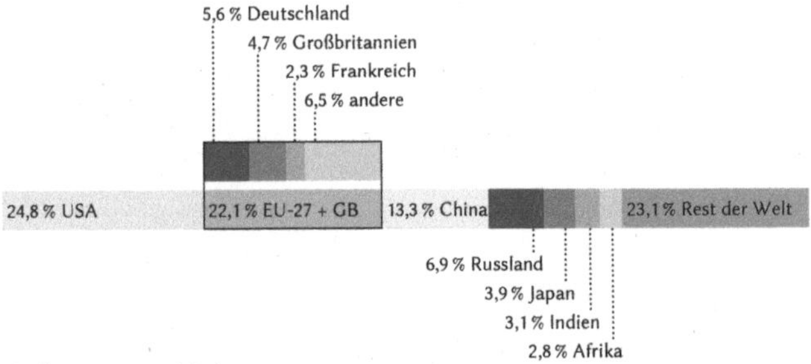

Quelle: www.ourworldindata.org

Deutschland mit 2 Prozent der weltweiten Treibhausgasemissionen) und Russland mit etwa 4 Prozent. Großen Anteil haben auch Länder wie Japan und Indonesien (je etwa 3 Prozent) und Brasilien (etwa 3 Prozent). Man sieht deutlich: Die Schwellenländer haben mindestens aufgeholt, und so argumentieren die Industrieländer damit, dass die Klimakrise ohne diese nicht zu bewältigen sei. Auch China solle beispielsweise einen eigenen Anteil zur Minderung des CO_2-Ausstoßes leisten.

Doch selbst wenn man die heutige Verantwortung für die Klimakrise mitberücksichtigt, stehen die meisten Industrieländer nicht so glänzend da wie gedacht: Die heutige Verantwortung kann man durchaus auf unterschiedliche Art betrachten. Vielleicht ist die absolute Menge der Treibhausgase gar nicht entscheidend, vielleicht ist es vielmehr die Menge der Treibhausgase, für die ein Bürger eines Landes verantwortlich ist. Sprich: Man sollte ehrlicherweise den Gesamtausstoß eines Landes auf die Menge der Einwohner:innen umrechnen.

Denn eines erscheint logisch: Kein Mensch hat ein größeres Recht als ein anderer, die Umwelt zu verschmutzen. Das gilt nicht nur für die Plastiktüte oder den Kühlschrank, die auf der Wiese, im Fluss oder im Wald landen, sondern auch für das CO_2, das in der Atmosphäre gelagert wird. Hört sich eigentlich wie eine Binsenweisheit an – scheint aber keine zu sein, selbst wenn der Wissenschaftliche Beirat der Bundesregierung für Globale Umweltveränderungen (WBGU) das als sogenannten **Budgetansatz** so formuliert hat.

In Deutschland gibt es das viel gehörte Argument: Was wir tun, ist irrelevant, weil wir ja nur für 2 Prozent der globalen Emissionen verantwortlich sind. Sollen doch lieber die Chinesen einsparen oder die Inder. Dass unser Tun nicht so irrelevant ist, wird deutlich, wenn man genauer hinsieht: Schließlich stellt Deutschland wesentlich weniger als 2 Prozent der Weltbevölkerung. Pro Jahr ist jeder Deutsche im Durchschnitt für 8 bis 10 Tonnen CO_2 verantwortlich (je nach Rechnung), den Spitzenwert verursachen die Einwohner von Katar mit 30,68 Tonnen. Der chinesische Pro-Kopf-Verbrauch liegt bei knapp über 8 Tonnen, der indische bei knapp 2,5 Tonnen im Jahr. Berücksichtigt man dazu, dass zahlreiche Industrieländer oft sehr energieintensive Industrien ausgelagert haben, stellt sich das Ungleichgewicht noch stärker dar. Deutschland liegt jedenfalls deutlich über dem globalen Durchschnitt von 4,7 Tonnen CO_2-Emissionen pro Kopf. Und am Ende der Liste, dort, wo die Länder stehen, deren Bevölkerung pro Kopf am wenigsten CO_2 verursacht, finden sich Länder wie Burundi, die Demokratische Republik Kongo, der Tschad, Mali, Somalia, Ruanda – Länder, die zu den ärmsten der Erde zählen.

Diese Länder, von denen einige wie Bangladesch (0,52 Tonnen je Einwohner) oder Mosambik (0,32 Tonnen je Einwohner) unter den bisherigen Klimaveränderungen bereits sehr leiden – weil ihre Küsten von Stürmen verwüstet und die Flusslandschaften immer häufiger und schwerer überschwemmt werden – tun zurzeit mehr für die Rettung des Klimas als die meisten Industriestaaten. Die Klimakrise, für die sie weniger verantwortlich sind, trifft sie wesentlich stärker als die Staaten, die sie ausgelöst haben.

Generell sind die ärmsten Staaten am stärksten von der Klimakrise betroffen. Gerechtigkeit, die Fragen von Entschädigung oder der Finanzierung von Klimaschutzmaßnahmen sind daher Dauerthemen bei internationalen Klimakonferenzen – Themen, die im Diskurs der reichen Länder eine weniger starke Rolle spielen. Die Journalistin Andrea Böhm schrieb 2019 in einem Artikel in der Wochenzeitung *Die Zeit*, dass der australische Völkerrechtler Philip Alston, der Sonderberichterstatter der UN für extreme Armut und Menschenrechte ist, davon spricht, dass die Erderwärmung bereits jetzt die Erfolge der Armutsbekämpfung der letzten 50 Jahre gefährde. Denn den armen Staaten fehlten schlicht die finanziellen Ressourcen, um nach Naturkatastrophen beispielsweise ihre Infrastruktur zu erneuern.

Schon bei einem Temperaturanstieg von 1,5 Grad Celsius wären laut Alstons Report 500 Millionen Menschen zusätzlich von Wasserknappheit bedroht und rund 4,5 Milliarden – also mehr als die Hälfte der Weltbevölkerung – von Hitzewellen. Bei einem Anstieg von mehr als zwei Grad wären die Folgen mehr als dramatisch: 2 Milliarden Menschen litten unter dauernder Wasserknappheit. Und selbst das Zwei-Grad-Ziel einzuhalten, erscheint im Moment vor allem wegen der Politik der reichen Industriestaaten nicht sehr realistisch. Andrea Böhm: »Was Alston beschreibt, sind fundamentale Verstöße der Reichen gegen die Rechte der Armen: gegen ihr Recht auf Leben und Würde, auf Gesundheit, Nahrung, sauberes Wasser.«

Und ihr richtiges Fazit lautet: Klimaschutz ohne den Anspruch globaler und sozialer Gerechtigkeit funktioniert nicht. Denn nur wenn wir anders produzieren, nicht mehr auf Kosten der Natur, nur wenn wir auch sozial fair produzieren, nur dann wird auch Klimaschutz gelingen. Das aber heißt auch, dass wir uns von der Idee verabschieden müssen, dass immer überall alles für uns zu geringen Preisen verfügbar ist. Fleisch wird etwa teurer, wenn wir keinen Regenwald mehr roden, um dort auf gigantischen Feldern Soja für die Massentierhaltung anzubauen.

Deutlich unter zwei Grad

Nach dem faktischen Scheitern des Kyoto-Protokolls tat sich zunächst auf der internationalen Ebene wenig. Die COPs (Conference of the Parties) kamen und gingen, erst 2015 auf der COP21 in Paris kam es zu zähen Verhandlungen, die am 12. Dezember 2015 ein eindeutiges Ergebnis hatten: Das Pariser Klimaabkommen wurde vereinbart. Es stellt – so viele Beobachter – einen Höhepunkt in der internationalen Klimapolitik dar; der Präsident des Umweltbundesamtes Dirk Messner nannte es gar einen »Glücksmoment der Vereinten Nationen«.

Der wichtigste Punkt des Pariser Klimaabkommens ist schnell benannt: Ziel ist es, die Erderwärmung auf »deutlich unter zwei Grad Celsius« im Vergleich zum vorindustriellen Niveau – was laut Abkommen dem Mittelwert der Jahre 1850 bis 1900 entspricht – zu halten, und es sollen weitere Anstrengungen unternommen werden, sie auf 1,5 Grad Celsius zu beschränken. Denn die meisten Wissenschaftler:innen und auch der Weltklimarat IPCC gehen davon aus, dass ein Temperaturanstieg von 1,5 Grad Celsius für die Erde und die Menschheit noch verträglich wäre.

Deshalb sollen die weltweiten CO_2-Emissionen schon möglichst bald – genau so vage ist es formuliert – ihren Höhepunkt erreichen. Für die zweite Hälfte des Jahrhunderts, also ab 2050, wird angestrebt, dass »eine Balance zwischen menschengemachten Emissionen aus Quellen und Einlagerung in Senken« erreicht wird – also nur noch so viel CO_2 emittiert wird wie die Natur durch Wälder, Moore oder Ozeane aufnehmen kann.

Das Pariser Abkommen legt zusätzlich mehr Wert auf die Förderung der Klimaresistenz: Da sich die klimatischen Bedingungen verändern werden, braucht es Anpassungsmaßnahmen der Infrastruktur – zum Beispiel die Erhöhung von Deichen, eine andere Form von Landwirtschaft oder den Umbau von Städten. Die Industrieländer verpflichteten sich ab 2020, den Ländern des Globalen Südens jährlich 100 Milliarden US-Dollar für den Umbau der Energieversorgung, aber auch zur Beseitigung der durch den Klimawandel verursachten Schäden zur Verfügung zu stellen.

Wichtig ist auch, dass im Paris-Abkommen nicht mehr zwischen Industrieländern und denen des Globalen Südens unterschieden wird. Alle Länder verpflichten sich, etwas gegen die Klimakrise zu tun, und alle, regelmäßig sogenannte **Nationally Determined Contributions (NDC)**, also nationale Klimaschutzziele, vorzulegen, die alle fünf Jahre überprüft und gegebenenfalls verbessert werden. Alle fünf Jahre – erstmalig

2023 – wird eine globale Bestandsaufnahme des Erreichten stattfinden.

Das Pariser Abkommen wurde schneller ratifiziert als jedes andere Abkommen zuvor. Vielleicht aus zwei Gründen: Einmal, weil die Dringlichkeit des Handelns immer deutlicher wurde, zum anderen, weil es auf die Freiwilligkeit der Staaten setzt. Jeder Staat legt selbst fest, was seine Klimaschutzziele sind und wie er handeln will. So ist das Abkommen bis heute von mehr als 190 der 197 Vertragsstaaten ratifiziert worden – und auch die USA, die unter Präsident Trump das Abkommen verlassen hatten, sind ihm unter Präsident Biden wieder beigetreten. Und mit der Ratifizierung sind die Staaten völkerrechtlich verpflichtet, Maßnahmen zur Erreichung ihrer Ziele zu ergreifen. Verweigert ein Staat sich dem, kann er mit Sanktionen belegt werden. Zudem droht ein Imageverlust, der für manche Länder bedeutsam sein kann. Und nicht zuletzt kann das Abkommen jeweils innenpolitisch höchst bedeutsam sein, berief sich doch beispielsweise die **Verfassungsbeschwerde gegen das deutsche Klimaschutzgesetz**, der das Bundesverfassungsgericht im April 2019 stattgab, auch auf das im Paris-Abkommen genannte Zwei-Grad-Ziel.

Doch hat die Freiwilligkeit, die das Abkommen so leicht möglich machte, auch ihre Nachteile. Als die ersten Staaten ihre NDC, ihre nationalen Klimaschutzziele, vorlegten, zeigte sich schnell: Damit ist keine 1,5-Grad-, keine 2-Grad-, bestenfalls gerade einmal eine 3-Grad-Welt machbar. Und so glauben viele Beobachter, dass dadurch, dass jedes Land selbst entscheidet, was es tun möchte, ein Anreiz für viele Länder entsteht, möglichst wenig zu tun. Zumal die jeweiligen NDC sehr unterschiedlich formuliert und daher nur schwer vergleichbar sind.

Das Klimaschutzprojekt Climate Action Tracker (CAT, www.climateactiontracker.org), das vom New Climate Institute, Climate Analytics sowie dem Potsdamer Institut für Klimafolgenforschung unterhalten wird, rechnet aus, mit welcher globalen Erwärmung wir bis zum Ende dieses Jahrhunderts kalkulieren müssen. Basis dafür sind die Selbstverpflichtungen im Rahmen des Paris-Abkommens von 32 Staaten, die für vier Fünftel der Treibhausgasemissionen verantwortlich sind und in denen zusammen rund 70 Prozent der Weltbevölkerung leben. Die Bestnote »1,5° C Paris Agreement Compatible« (dem 1,5-Grad-Ziel des Paris Abkommens entsprechend) erhielt kein Staat; nur fünf der 32 Länder bekamen die zweitbeste Note »almost sufficient« (fast ausreichend): England, Marokko, Nigeria, Nepal und Äthiopien (Stand Anfang 2022).

Internationale Klimapolitik bleibt mehr als spannend – leider.

Die Klimapolitik der Europäischen Union

2021 wurde das erste Europäische Klimaschutzgesetz verabschiedet. Seine Kernpunkte sind die Reduzierung der Treibhausgase um 55 Prozent (im Vergleich zu 1990) bis 2030 und die Klimaneutralität 2050. Es sind verpflichtende Ziele, die im Programm »Fit for 55« niedergelegt wurden – es bündelt verschärfte Klimaziele, marktorientierte Maßnahmen und ordnungsrechtliche Vorschriften. Unter anderem werden darin bestehende Vorschriften zum Emissionshandel, zur Energieeffizienz und zu den erneuerbaren Energien verschärft, dazu kommen Neuerungen wie die Europäische Waldstrategie zur Förderung von CO_2-Senken.

Das neue Gesetzes- und Vorschriftenpaket stieß nicht überall auf Gegenliebe.

Umweltorganisationen kritisierten, dass die Anhebung auf 55 Prozent nicht ausreichend sei, um auf einen 1,5-Grad-Pfad zu gelangen, erforderlich sei vielmehr eine Reduktion von mindestens 60 Prozent, wie sie das Europäische Parlament gefordert habe. Eigentlich seien sogar 65 Prozent notwendig.

Doch schon die 55 Prozent sind ambitioniert.

Im Wesentlichen stützt sich die EU-Klimapolitik auf zwei Säulen: den Europäischen Emissionshandel und die Klimaschutzverordnung, die früher Lastenverteilungsordnung hieß – im Englischen Effort Sharing Regulation – und die meist ESR abgekürzt wird. Flankiert werden die Säulen durch Maßnahmen aus dem »Green Deal«-Programm wie beispielsweise zum Erhalt der Biodiversität, der Schadstoffsenkung allgemein, der Dekarbonisierung der Energieerzeugung, der Verbesserung der Energieeffizienz bei Gebäuden oder dem Ausbau einer nachhaltigen Mobilität. Ob das alles funktioniert, wird die Zukunft zeigen – Umweltschutzorganisationen sind eher skeptisch.

Die Klimaschutzverordnung oder Lastenverteilungsordnung (Effort Sharing Regulation), also die ESR, betrifft die Bereiche, die nicht über den Europäischen Emissionshandel erfasst sind – das sind vor allem Verkehr, Gebäude(heizung) und Landwirtschaft, kleine Industrieanlagen und Abfallwirtschaft. Hier fallen knapp 60 Prozent aller EU-Treibhausgasemissionen an.

Beim ESR werden die Einsparziele für jedes Land rechtsverbindlich vorgegeben. Nicht alle Länder müssen gleich viel einsparen, die Lastenteilung richtet sich nach ihrer Wirtschaftskraft. Reichere Länder bekommen höhere Einsparziele zugeschrieben. So muss beispielsweise Deutschland 38 Prozent

Emissionsminderung in den ESR-Bereichen erreichen, Polen aber nur 8 Prozent. Die Einsparziele werden konkret benannt, sie sind jährlich überprüfbar, und die Staaten müssen nachbessern, wenn sie ihre jährlichen Reduktionsziele nicht erreicht haben. Sie können aber auch – sollten andere Staaten mehr als nötig einsparen – Rechte auf Treibhausgasemissionen von anderen EU-Mitgliedstaaten zukaufen.

Der europäische Emissionshandel

Beginnen wir mit ein paar Begriffsklärungen: Beim Emissionshandel wird nicht mit Emissionen gehandelt – sondern mit Rechten, nämlich dem Recht, eine bestimmte Menge an Treibhausgasen in die Atmosphäre zu entlassen. Verrechnungseinheit sind Tonnen von CO_2, auch wenn neben dem Treibhausgas Kohlendioxid auch die Treibhausgase Distickstoffoxid und perfluorierte Kohlenwasserstoffe gehandelt werden. Deren Verschmutzungswert wird in CO_2 umgerechnet.

Der europäische Emissionshandel heißt formal Europäisches Emissionshandelssystem, auf Englisch European Emission-Trading-System, und wird oft auch als Emissionshandel, Zertifikatehandel oder nach der englischen Bezeichnung abgekürzt als ETS bezeichnet.

Wie funktioniert er nun? Betroffen vom Europäischen Emissionshandel sind alle Emissionen, die in der Energieversorgung, der Industrie und der Luftfahrt entstehen – sie umfassen etwa 40 bis 45 Prozent aller europäischen Emissionen.

Die Unternehmen dieser Branchen kaufen Emissionsrechte an den von der EU beauftragten Energiebörsen. Diese Rechte sind aber nicht in beliebiger Menge vorhanden, es gibt vielmehr eine Emissionsobergrenze, die jährlich sinkt – es wird ein Deckel (englisch: Cap) eingeführt. So soll gewährleistet werden, dass im Zieljahr 2030 genau die vorgesehene Menge CO_2 emittiert bzw. eingespart wurde. Cap and Trade heißt das System auch, weil die Unternehmen die gedeckelten Emissionsrechte untereinander handeln (trade) können.

Da die Menge an Zertifikaten immer mehr sinkt, müssen sich die Unternehmen etwas einfallen lassen. Entweder zahlen sie immer höhere Summen für neue Zertifikate oder sie betreiben Klimaschutz, indem sie ihre Emissionen senken.

Gut gedacht – jedenfalls in der Theorie. Denn als der europäische Emissionshandel begann, erhielten bestimmte energieintensive Unternehmen zunächst kostenfreie Zertifikate – sie hatten erfolgreich dafür lobbyiert. Das und die gedrosselte Produktion nach der Finanzkrise 2007/2008 führte dazu, dass die Zertifikate mit Preisen von etwa 5 Euro pro Tonne Kohlendioxid viel zu billig waren, um irgendeine Minderung bei den CO_2-Emissionen zu bewirken. Im Gegenteil: Eine Studie des Freiburger Öko-Instituts im Auftrag des deutschen WWF fand heraus, dass einzelne Unternehmen, insgesamt neun, aus den Branchen Eisen und Stahl, Raffinerien, Chemische Industrie sowie Zement ab 2005 Freizertifikate im Wert von 8 Milliarden Euro erhalten hatten. Bis zum Jahresende 2012 hatte sie nicht einmal alle Zertifikate genutzt – sie besaßen immer noch welche im Wert von über 1 Milliarde Euro – die sie ihrerseits verkaufen konnten.

Der Emissionshandel wird erst klimapolitisch wirksam, wenn die Zertifikate einen bestimmten Preis haben. Mindestens 50 Euro je Tonne sollten die Zertifikate schon kosten. Die EU hat das in einem längeren Prozess gelernt und 2015 die sogenannte Marktstabilitätsreserve (MSR) geschaffen, durch die überschüssige Zertifikate vom Markt genommen werden konnten. Seit 2019 passiert das, und seither steigen die Zertifikatspreise: 2019 lagen sie bei etwa 20 Euro je Tonne CO_2, bis Frühjahr 2021 kletterten sie auf 41 Euro je Tonne, im Sommer 2021 auf 55 Euro, und Anfang 2022 pendelten sie zwischen 80 und 90 Euro je Tonne und überschritten auch schon einmal die 100-Euro-Marke. Analysten gehen davon aus, dass der Preis 2023 auf etwa 130 bis 150 Euro steigen wird.

Das kostet energieintensive Unternehmen einiges. Sie können sparen, indem sie in Klimaschutz investieren, sie können aber auch überlegen, ihre Produktion und damit auch die Emissionen in Regionen zu verlegen, in denen ihnen keine Emissionskosten entstehen. Carbon Leakage (zu Deutsch ›Kohlenstoffleck‹) nennt man das, denn so tröpfeln nicht nur die Arbeitsplätze und die Wertschöpfung in andere Regionen, auch das CO_2 kann ungehindert weiter emittiert werden – der Klimaschutz ist perdu. Deshalb versucht die EU, Carbon Leakage zu verhindern, zum Beispiel dadurch, dass bedrohte Unternehmen mehr kostenlose Emissionshandelszertifikate als andere erhalten. Dass hier Lobbygruppen aktiv sind, kann man sich leicht vorstellen.

CO_2-Restbudget

Der Weltklimarat IPCC hat 2018 ziemlich genau ausgerechnet, wie viele Klimagase noch in die Atmosphäre emittiert werden dürfen, soll das im Paris-Abkommen formulierte Ziel, die Klimaerwärmung auf »deutlich unter zwei Grad« zu begrenzen und »Anstrengungen zu unternehmen«, die Erwärmung bei 1,5 Grad Celsius zu stoppen, erreicht werden. Das waren seit

2018 insgesamt noch zwischen 420 und 800 Milliarden Tonnen weltweit, wobei die Differenz von 380 Milliarden Tonnen nicht daher rührte, dass die Wissenschaft sich nicht einig war, sondern daraus, was das genaue Ziel ist, das man erreichen will.

Denn die IPCC-Crew legte unterschiedliche Szenarien mit unterschiedlichen Wahrscheinlichkeiten vor: Will man eine Sicherheit von 50 Prozent haben, dass die Erderwärmung auf 1,5 Grad Celsius beschränkt bleibt, waren es noch 580 Milliarden Tonnen. Soll die Wahrscheinlichkeit aber auf zwei Drittel steigen, sind es nur noch 420 Milliarden Tonnen. Gibt man sich mit einem 1,75-Grad-Ziel zufrieden, das mit zwei Drittel Wahrscheinlichkeit erreicht wird, durften es sogar noch 800 Milliarden Tonnen sein.

Zum Vergleich: 2019 wurden weltweit etwa 42 Milliarden Tonnen emittiert – ändert sich also nicht bald etwas, wird das Restbudget, das verbleibt, um das 1,5-Grad-Ziel relativ sicher zu erreichen, schon 2029 aufgebraucht sein. Dann wird dieses Ziel nicht mehr einhaltbar sein. Und je später sich etwas ändert, also je später die CO_2-Emissionen spürbar verringert werden, desto einschneidender müssen logischerweise die Maßnahmen zur Emissionsminderung werden.

Das errechnete globale CO_2-Budget lässt sich nun auf die einzelnen Staaten runterbrechen, man braucht nur die Milliarden Resttonnen durch die Anzahl der Menschen aufzuteilen, die auf der Welt leben. Gleiche Verschmutzungsrechte für alle. Und dann mit der Anzahl der Menschen zu multiplizieren, die im jeweiligen Land leben. Zwei Websites helfen bei der Berechnung: www.showyourbudgets.org errechnet auf einer Pro-Kopf-Basis der Bevölkerung die zulässige Menge von Treibhausgasen für einzelne Staaten und gibt an, bis wann ein

Staat seine CO_2-Emissionen auf null reduziert haben muss, und zwar sortiert nach unterschiedlichen Annahmen – von der besten mit einer Begrenzung auf 1,5 Grad Celsius mit zwei Drittel Wahrscheinlichkeit bis zur schlechtesten mit einer Begrenzung auf 1,8 Grad Celsius mit 50 Prozent Wahrscheinlichkeit. Die zweite, vom Mercator Research Institute on Global Commons and Climate Change (www.mcc-berlin.net), präsentiert zwei rückwärts laufende Uhren – eine zeigt die Zeit, die noch verbleibt, um die Zwei-Grad-Grenze einzuhalten, die andere das verbleibende Restbudget weltweit.

Die deutschen Werte sind übrigens ziemlich dramatisch; Deutschland müsste 2027 klimaneutral sein, will man das 1,5-Grad-Ziel einhalten.

Und als ob die Zahlen nicht schon schlimm genug wären: Das Restbudget des IPCC berücksichtigt nicht die Emissionen der anderen Treibhausgase wie Lachgas, Methan oder Fluorkohlenwasserstoffe. Was bedeutet, dass der Zeitrahmen, in dem wir Menschen handeln müssen, noch enger gesteckt ist.

Netto-Null, negative Emissionen, CO_2-neutral und Kompensation

Alle Berechnungen zur Bekämpfung der Klimakrise zeigen: Wollen wir erfolgreich sein, sollten spätestens 2045 die Emissionen der Treibhausgase bei »Netto-Null« liegen. Doch was bedeutet das? Was heißt »Netto-Null«, was sind gar »negative Emissionen«? Und was sind Klimaneutralität und Kompensation?

Netto-Null bedeutet, dass ein Land genauso viele Treibhausgase ausstößt wie es durch irgendwelche Maßnahmen aus der Atmosphäre zurückgewinnt. Denn wir wissen, dass es in bestimmten Bereichen – beispielsweise in der Landwirtschaft oder im internationalen Flugverkehr – unmöglich ist, emissionsfrei zu wirtschaften. Sollte Deutschland 2050 noch 50 Millionen Tonnen Treibhausgase emittieren, müsste es Möglichkeiten finden, die gleiche Menge einzufangen. Wie das gehen könnte und welche Risiken das birgt, wird im Kapitel »Handeln« dargestellt.

Negative Emissionen sind in der Klimakrise sehr positiv. Das bedeutet nämlich, dass wir, anstatt Treibhausgase in die Atmosphäre zu entlassen, sie aus der Atmosphäre zurückgewinnen. Sollte Deutschland 2050 wie im Beispiel oben noch 50 Millionen Tonnen Treibhausgase emittieren, aber 60 Millionen zurückgewinnen, entstünden 10 Millionen Tonnen negativer Emissionen – was fürs Klima und uns sehr positiv wäre.

Klimaneutral bedeutet zunächst einmal, dass keine Emissionen entstehen. Sehr einfach, doch so einfach ist es leider nicht, denn viele Produkte werben damit, dass sie klimaneutral seien. Prominent prangen etwa entsprechende Logos auf den unterschiedlichsten Produkten, stolz behauptet etwa DHL, dass es klimaneutral versende, und auch im Impressum dieses Buches steht etwas von Klimaneutralität.

Aber natürlich fährt der DHL-Laster mit seinen Päckchen und Paketen nicht immer elektrisch, gefüttert mit Strom aus erneuerbaren Energien, natürlich läuft die Druckmaschine nicht CO_2-neutral, natürlich wird das Buch nicht CO_2-neutral versandt.

Vielmehr wird ausgerechnet, wie hoch die CO_2-Emissionen des Produktes sind, und dann werden diese Emissionen über einen Anbieter wie Atmosfair, ClimatePartner, myclimate oder einen anderen **kompensiert**.

Am bekanntesten ist vielleicht der CO_2-Ausgleich für Flugreisen, den Atmosfair anbietet. Man gibt auf deren Webseite ein, von wo bis wo man fliegen möchte, und die rechnet dann aus, was es kosten würde, den Schaden wieder gut zu machen, sprich anderswo auf der Welt die CO_2-Emissionen, für die man verantwortlich ist, auszugleichen.

Ein Beispiel: Bei einem Flug von Frankfurt am Main nach New York und zurück verursacht jeder Passagier etwa 3 Tonnen CO_2. Dafür berechnet Atmosfair 68 Euro, also deutlich weniger als die ungefähr 300 Euro, die dafür im Europäischen Emissionshandel zurzeit zu zahlen wären. Mit diesen 84 Euro geht Atmosfair dann zum Beispiel nach Nigeria und lässt von Partnern vor Ort energieeffiziente Öfen bauen und diese zu reduzierten Preisen an die Bevölkerung verkaufen.

Da in Nigeria drei Viertel aller Familien mit Holz auf offenem Feuer kochen, ist der Holzverbrauch dort riesig, und die Wälder sind weitgehend abgeholzt. Die energieeffizienten Öfen sparen 80 Prozent Holz ein. Und so werden, über einen gewissen Zeitraum gerechnet, die 3,6 Tonnen CO_2, die der Flug verursacht hat, wieder eingespart.

Das kann man wie gesagt auch mit anderen Dingen als mit Flügen tun; so kompensieren etwa seit einigen Jahren die Bands Die Ärzte und Die Toten Hosen die Emissionen ihrer Konzerte über Atmosfair.

Das Prinzip der Kompensation ist rechnerisch sehr einfach: Für das weltweite Klima ist nicht entscheidend, wo auf der Erde Treibhausgase ausgestoßen oder vermieden werden. Deshalb lassen sich in Europa verursachte Emissionen auch in Nigeria einsparen.

Doch ein paar Fragen stellen sich unmittelbar: Wäscht man so nur sein Gewissen rein und ersetzt klimafreundliches Handeln durch einen Scheck? Müssen wir als reiche Europäer unser Leben nicht ändern? Reicht ein bisschen Geld und jede Klimasünde ist vergeben? Denn Kompensationszahlungen schaffen die Treibhausgase ja nicht aus der Welt. Sie sind da, einen direkten Ausgleich gibt es nicht. Und wie lange wird der energieeffiziente Kocher genutzt? Der Geschäftsführer von Atmosfair, Dietrich Brockhagen, gibt selbst zu: »Kompensation löst nicht das Klimaproblem der Menschheit.« Sie helfe lediglich für eine Übergangszeit. So gilt für Klimaschützer: erst Vermeidung, dann Kompensation.

Der IPCC

»Zwischenstaatlicher Ausschuss für Klimaänderungen« lautet der Name des Intergovernmental Panel on Climate Change (IPCC) eigentlich, doch trifft die oft genutzte Bezeichnung »Weltklimarat« besser. Er wurde im November 1988 vom Umweltprogramm der Vereinten Nationen (UNEP) und der Weltorganisation für Meteorologie (WMO) als zwischenstaatliche Institution ins Leben gerufen und flog lange unter dem Radar der Öffentlichkeit – bis ihm 2007 gemeinsam mit dem ehemaligen amerikanischen Vizepräsidenten Al Gore der Friedensnobelpreis verliehen wurde. Seither ist er bekannter, vor allem dank seiner Sachstands- und Sonderberichte, die unregelmäßig seit 1990 erscheinen. Insbesondere der Sonderbericht von 2018 zum 1,5-Grad-Ziel wurde stark rezipiert.

Dem Weltklimarat gehören heute 195 Regierungen an (per Definition alle UN-Mitglieder), außerdem gibt es mehr als 120 Organisationen, die bei ihm als Beobachter registriert sind. Sitz des IPCC-Sekretariats ist Genf.

Die Aufgabe des Weltklimarates besteht darin, den Stand der wissenschaftlichen Forschung zum Klimawandel zusammenzufassen, um so wissenschaftsbasierte Entscheidungen von Politiker:innen zu ermöglichen. Dafür trifft sich jährlich das Plenum, in dem Delegationen aller Länder sitzen, es legt die Themen der Berichte fest und entscheidet am Ende auch über ihre Annahme. Die Berichte selbst werden von verschiedenen Autorengruppen verfasst. Eine kümmert sich um die naturwissenschaftlichen Zusammenhänge, eine weitere um die Labilität der natürlichen und sozialen Systeme und denkt über Anpassungsstrategien an die Klimakrise nach, eine dritte beschreibt politische, wirtschaftliche und technologische Lösungsmodelle.

So entsteht ein erster Berichtsentwurf, der wieder und wieder diskutiert und umgeschrieben wird. Und erneut diskutiert. Insgesamt sind Tausende Wissenschaftler:innen beteiligt; beim 1,5-Grad-Bericht 2018 waren es 90 Hauptautor:innen, die über 42 000 Kommentare von 1100 Wissenschaftlern zu bearbeiten hatten. Das sorgt dafür, dass die Berichte sehr fundiert sind und oft als Grundlage für politisches Handeln dienen.

Natürlich gibt es ein Spannungsfeld zwischen Wissenschaft und Politik, dem sich auch der IPCC nicht entziehen kann. Das, was sich aus den Berichten des IPCC ergibt, ist anerkannter Stand der Wissenschaft – und doch muss am Ende die gewählte Politik entscheiden, wie und wohin sich Gesellschaften entwickeln. Die Wissenschaft kann wertvolle Hinweise geben, sie kann Möglichkeiten aufzeigen und Alternativen durchspielen und so die Grundlagen schaffen. Der IPCC macht das auf beeindruckende Weise.

Handeln

»Ich glaube dieser Freitag geht in die Geschichte ein«, schrieb meine damals 15-jährige Tochter Franziska am 21. September 2019 in einem Beitrag für die *Berliner Zeitung*. Am Tag zuvor – und der war gemeint – hatten in Deutschland nach Angaben von Fridays for Future 1,4 Millionen Menschen an Demonstrationen und Streiks für eine engagiertere Klimapolitik teilgenommen, allein in Berlin waren es 270 000.

> Ich habe gejubelt, gelacht und geweint, denn dass unser Anliegen so viele Menschen bewegt, das hätte ich nie zu träumen gewagt. Seit Januar 2019, dem ersten Fridays-for-Future-Großstreik in Berlin, hat sich viel verändert. Immer mehr Menschen haben erkannt, in welcher Krise wir stehen, immer mehr Leute haben angefangen umzudenken und kommen seither zu unseren Demos.

Franziska schrieb aber auch, dass sie enttäuscht sei. Denn wie ein Schlag ins Gesicht habe sich angefühlt, was die Politiker der Regierungskoalition am 20. September 2019 als Klimaschutzpaket verkündeten. Mangelhaft – so ihr Urteil.

Die Klimakrise stellt Politiker:innen vor neue Herausforderungen. Denn die Regeln der Politik funktionieren hier nicht mehr wie gewohnt. Normalerweise ist Politik auf Interessensausgleich ausgerichtet. Man diskutiert miteinander und findet eine Lösung für das gemeinsame Problem.

Die Klimakrise ist anders. Mit ihr kann man nicht diskutieren, es ist auch sinnlos darüber zu reden, ob es sie wirklich gibt. Sie lässt sich nicht wegdiskutieren, man muss mit ihr umgehen, man muss handeln. Mit der Physik lässt sich (leider) nicht diskutieren. Der Apfel fällt vom Baum nach unten und nicht nach oben, die Erhöhung der CO_2-Konzentration in der Atmosphäre lässt die weltweite Temperatur steigen und löst Klimaveränderungen aus.

Das ist ein ungewohnter Prozess für Politiker:innen, auch wenn viele von ihnen oft in anderen Bereichen mit Sachzwanglogiken argumentieren. Bei der Klimakrise beharren sie hingegen auf dem Primat der Politik – einige reden von Freiheit und meinen damit doch nur das Recht, auf deutschen Autobahnen beliebig schnell zu fahren. Was ein ziemlich unterkomplexer Freiheitsbegriff ist.

In einem Interview mit der *Süddeutschen Zeitung* sprach der Physiker Hans-Joachim Schellnhuber 2018 von einem kollektiven Suizidversuch, wenn man den Klimawandel nicht aufhalte. Der ehemalige Leiter des Potsdamer Instituts für Klimafolgenforschung hat gemeinsam mit anderen Wissenschaftler:innen schon lange über die erforderlichen Schritte nachgedacht, die nötig wären, und es gibt eine Fülle von sich nicht widersprechenden, sondern eher ergänzenden Ideen aus der Wissenschaft: vom Wissenschaftlichen Beirat der Bundesregierung, von Forschungsinstituten wie dem erwähnten Potsdamer Institut für Klimafolgenforschung, dem Climate Service Center Germany oder der Stiftung Wissenschaft und Politik oder dem Deutschen Institut für Wirtschaftsforschung, vom IPCC oder auch von den Scientists for Future, einem Zusammenschluss von Wissenschaftler:innen, der die Klimabewegung unterstützt. Sie alle haben detaillierte Lösungen ausgearbeitet.

Und mussten sich Vorwürfe anhören: Die Grenzen zwischen unabhängiger Wissenschaft und politischem Aktivismus würden verschwimmen. Doch warum sollten sich Wissenschaftler:innen nicht politisch äußern? Vor allem warum nicht auf einem Gebiet, auf dem sie eine wirkliche Expertise besitzen. Wissenschaftliche Erkenntnis ist eine wichtige Ressource im Kampf gegen die Klimakrise. Warum sollen politische Forderungen ihre Glaubwürdigkeit gefährden?

Klima- und Generationengerechtigkeit

Es ist ein altes Argument von Fridays for Future, dass die klimabewegten Jugendlichen erstmals aussprachen, als im Januar 2019 die damalige Bundesregierung ihren sogenannten Kohlekompromiss verkündete: Warum entscheidet ein Gremium über eine Zukunft, die es selbst nicht mehr erleben wird? Es war ein gemeines Argument, aber auch ein treffendes. Das Durchschnittsalter der Kohlekommission lag bei 57 Jahren. Und Menschen, die heute 50 bis 60 Jahre alt sind, werden vermutlich noch in einer Zeit leben, in der das Klimaziel von 1,5 Grad noch nicht gerissen ist. Das kann zwar auch schon zu größeren Naturkatastrophen führen, aber irgendwie scheint man sich damit ja einrichten zu können. 2,5 Grad, 3 Grad, 4 Grad – das erleben dann die nachfolgenden Generationen.

Was zynisch klingt, scheint aber genau so zu sein. Eine Umfrage des Naturschutzbundes Deutschland bestätigte im Vorwahlsommer 2021: Je älter die Menschen sind, desto weniger richten sie ihr Wahlverhalten an den Klimaschutz-Interessen der jüngeren Generation aus. In der Gruppe der Menschen, die über 50 Jahre alt sind, sagten nur 30 Prozent, dass sich ihre Wahlentscheidung bei der Bundestagswahl an den Klima- und Naturschutzinteressen der jungen Generation orientiere.

Fair und gerecht ist das nicht, und Klimagerechtigkeit stellt sich auf zwei Ebenen dar.

Zum einen darin, dass die Industrieländer auf Kosten des Globalen Südens leben – jene sind unschuldig am Klimawandel, erleiden ihn aber schon jetzt. Zum anderen zwischen den Generationen – die Schüler:innenbewegung Fridays for Future ist auch eine Art Selbstverteidigungsgruppe.

»Es fühlt sich tatsächlich so an, als würden wir in einem Auto sitzen, das auf einen Abgrund zusteuert. Doch anstatt zu bremsen, wird beschleunigt. Wir wurden in dieses Auto gesetzt, ohne dass wir gefragt wurden«, schrieb Luisa Neubauer, eine der bekanntesten Aktivist:innen der deutschen Fridays-for-Future-Bewegung, in einem Blogbeitrag für den WWF im Januar 2019. Und weiter:

> Es gibt diesen Abgrund wirklich. Der menschengemachte Klimawandel ist real. Wir sind die unfreiwilligen Passagiere. Und mit ›wir‹ meine ich die Generation, die mehr als alle anderen mit den Folgen des Klimawandels leben werden muss. ›Wir‹ sind auch die letzte Generation, die noch in der Lage sein wird, die schlimmsten Auswirkungen der Klima-

krise abzuwenden. Unsere Fahrer sind die Politikerinnen und Politiker, Entscheidungsträger und Industrievorstände, die mit dem Fuß auf dem Gaspedal stehen.

Umfragen zeigen immer wieder: Für Jugendliche ist die Klimafrage die wichtigste Frage überhaupt. So veröffentlichte die Europäische Union 2022 die Ergebnisse einer Umfrage in allen 27 Mitgliedstaaten. Danach ist für mehr als die Hälfte der Europäer:innen zwischen 15 und 24 Jahre die Klimakrise die wichtigste globale Herausforderung, und 90 Prozent der jungen Europäer:innen glauben, dass es direkte Auswirkungen für sie selbst hätte, wenn Maßnahmen gegen den Klimawandel ergriffen würden: Ihre Gesundheit und ihr Wohlbefinden würden sich verbessern. Mehr als 80 Prozent glauben zudem, dass die Bekämpfung des Klimawandels neue Möglichkeiten für Innovation, Investitionen und Arbeitsplätze böte und dass zukünftige größere ökologische Schäden noch verhindert werden können. Und in einer weltweiten Studie, deren Ergebnisse 2021 in der Zeitschrift *Lancet Planetary Health* veröffentlicht wurden, kam heraus, dass junge Menschen zwischen 16 und 25 Jahren aus zehn Ländern – darunter Brasilien, Indien, Nigeria, Großbritannien und die USA – zu 84 Prozent wegen des Klimawandels besorgt seien.

Das Argument der Klimagerechtigkeit über die Generationen hinweg machte Fridays for Future groß. In einem doppelten Sinne.

Zum einen wuchs die Bewegung genau deshalb: Junge Menschen waren es leid, sich Konferenzergebnis auf Konferenzergebnis anzuhören, aber keine oder nur wenige Taten zu sehen. Das Bewusstsein, dass ihnen die Zeit davonläuft, dass sie dafür zahlen, was sie nicht bestellt hatten, ließ mehr und mehr von ihnen an den Protesten teilnehmen. »Wir sind hier, wir sind laut, weil ihr uns die Zukunft klaut« war ein eingängiger Slogan, gegen den das anfänglich sehr gönnerhafte Auftreten einzelner Politiker:innen – so etwa Christian Lindner, der davon sprach, dass Klimaschutz eine »Sache der Profis« sei, womit er die Politiker meinte – eher hilflos wirkte. Diese hatten die riesige Dynamik der Proteste einfach unterschätzt, auch ihre Wirkung auf andere Gruppen: Schnell gab es Unterstützer wie die Scientists for Future, die die konkreten Forderungen der jungen Klimaschützer:innen wissenschaftlich untermauerten.

Zum anderen stärkte das Engagement der jungen Klimaschützer das Argument der generationsübergreifenden Klimagerechtigkeit. Es ist seither nicht mehr aus der Debatte wegzudenken, es ist wirkmächtiger und stärker denn je akzeptiert.

Dass Klimaschutz eine Frage der Generationengerechtigkeit ist, hat 2021 auch das deutsche Bundesverfassungsgericht festgestellt. Es erklärte das damals aktuelle Klimaschutzgesetz in Teilen für verfassungswidrig und forderte die Bundesregierung zum Nachbessern auf. Das Gericht entschied, dass nicht einer Generation zugestanden werden könne, »unter vergleichsweise milder Reduktionslast große Teile des CO_2-Budgets zu verbrauchen, wenn damit zugleich den nachfolgenden Generationen eine radikale Reduktionslast überlassen und deren Leben umfassenden Freiheitseinbußen ausgesetzt würde«. Sprich: Mit wenig ambitioniertem Klimaschutz heute versauen wir die Lebenschancen künftiger Generationen – will man das Pariser Klimaabkommen einhalten, wozu sich Deutschland verpflichtet hat. Nachfolgende Generationen könnten nur mit radikaler eigener Enthaltsamkeit vermeiden, einen irreversiblen Kipppunkt zu erreichen, und müssten daher überproportional viele Emissionen einsparen, was ihre Freiheitsrechte stark einschränken würde.

Innerhalb weniger Wochen änderte die damals regierende Große Koalition das Klimaschutzgesetz und verschärfte es in vielen Punkten. So wurde die Frist zum Erreichen der Klimaneutralität auf 2045 vorgezogen und bis 2030 sollen die Treibhausgasemissionen statt um 55 Prozent um 65 Prozent (im Vergleich zu 1990) sinken, was Umweltverbände als immer noch nicht ausreichend ansehen. Sie fordern ein Minderungsziel von bis zu 85 Prozent.

Klimaklagen

Das Urteil des Bundesverfassungsgerichtes von 2021 hatte einen internationalen Vorläufer. Schon 2015 hatte ein niederländisches Gericht der Umweltstiftung Urgenda, die zusammen mit 900 Bürgern gegen den niederländischen Staat geklagt hatte, Recht gegeben. Ein Urteil, das 2018 und letztinstanzlich 2019 bestätigt wurde. Die Niederlande müssen nun ihre Emissionen bis 2030 um 25 Prozent gegenüber 1990 senken – statt nur um 17 Prozent, wie ursprünglich von der damaligen Regierung geplant. Denn das wäre nicht nur unzureichend, sondern verstoße auch gegen die Menschenrechte der Kläger. Das niederländische Verfahren war weltweit der erste erfolgreiche Versuch von Umweltschützer:innen, einen Staat auf die Reduzierung von Klimagasen zu verklagen.

Überdies gab ein niederländisches Gericht 2021 sieben Umweltorganisationen Recht, die den Ölkonzern Shell, dessen Hauptsitz in Den Haag ist, verklagt hatten, seinen CO_2-Ausstoß bis 2030 um 45 Prozent zu verringern – inklusive der

Emissionen, die bei der Verbrennung der Shell-Produkte freigesetzt werden. Im selben Monat entschied ein australisches Gericht zu Gunsten von acht Schüler:innen. Sie hatten gegen die Umweltministerin des Landes wegen der geplanten Erweiterung einer Kohlemine geklagt.

Klimaklagen haben mehrere Funktionen: Zum einen zwingen sie Gerichte dazu, zu überprüfen, ob die Regierungen der jeweiligen Länder sich bemühen, das Paris-Abkommen einzuhalten. Denn dass das Abkommen umgesetzt wird, lässt sich international nicht einklagen – nationale Gerichte können aber eine entsprechende Gesetzgebung verlangen.

Zum anderen gibt es Klagen gegen einzelne Unternehmen, von denen konkret Schadensersatz gefordert wird. Bekannt wurde etwa die Klage eines peruanischen Bauern gegen RWE von 2015. Dessen Dorf liegt unterhalb eines Gletschers, der wegen der Klimaerwärmung abschmilzt und dessen Wassermassen nun das Dorf bedrohen. Schutzdeiche könnten helfen – und der Kläger forderte, dass sich RWE mit 0,47 Prozent (17 000 Euro) an den Kosten für die Deiche beteiligt. Denn das sei der RWE-Anteil an den globalen CO_2-Emissonen seit Beginn der industriellen Revolution. Bislang schwebt das Verfahren, sollte der peruanische Landwirt aber Recht bekommen, sieht also das Gericht einen Zusammenhang zwischen den Emissionen eines Unternehmens und einem konkreten Schaden, könnten sich Klagen gegen Unternehmen häufen.

Wer wo gegen wen klagt, wird von international agierenden Verbänden oder Nichtregierungsorganisationen strategisch ausgewählt. Schließlich geht es auch darum, Präzedenzfälle zu schaffen, um bestehende Rechtsdoktrinen zu ändern.

Wir haben es ein Jahr lang ausprobiert. Unser Leben geändert. Wir haben überlegt, was wir essen sollen, wie wir Urlaub machen, was wir einkaufen. Wir haben einen Energieberater engagiert, die Kühlschranktemperatur hochgestellt, die Fenster des Hauses isoliert, den Familieneinkauf mit dem Fahrrad und dem Lastenanhänger gemacht und in der Folge das Auto ganz abgeschafft. Strom aus erneuerbaren Energien nutzten wir bereits vorher. Ein Jahr fürs Klima war das Motto unserer vierköpfigen Familie; wir wollten sehen, wie weit eine normale Familie mit ihrem normalen Leben im Klimaschutz kommen kann, ohne sich selbst zu kasteien.

Relativ weit. War unsere vierköpfige Familie vorher für 42 Tonnen CO_2-Emissionen verantwortlich (und damit nur unwesentlich besser als der deutsche Durchschnittsbürger), waren es hinterher nur noch 28 Tonnen – Tendenz weiter sinkend. Ein Drittel eingespart – wir könnten uns auf die Schulter klopfen. Und würden es auch voller Inbrunst tun, wenn es denn reichen würde.

Tut es leider nicht. Selbst mit den 6 Tonnen CO_2, für die ich heute im Jahr verantwortlich bin, liege ich immer noch weit über dem, was ich individuell verursachen dürfte. Das errechnet sich nach dem Budgetansatz (siehe Kap. »Globale Gerechtigkeit«), und so dürften es nur 1 bis 2 Tonnen jährlich sein. In Deutschland ist das nicht zu erreichen, denn so viel schleppen wir schon als Grundlast mit uns – eine Grundlast, die dadurch entsteht, dass wir geheizte Schulen, Verwaltungsgebäude, Kulturzentren, Bibliotheken und andere Einrichtungen des öffentlichen Lebens haben und unterhalten.

Die individuellen Klimakiller sind leicht ausgemacht und

haben meist mit Mobilität zu tun. Sei es das Auto, das zwar die meiste Zeit platzfressend am Straßenrand herumsteht, wenn es aber genutzt wird, für relativ viel CO_2-Ausstoß steht – 10 000 Kilometer sorgen schnell für 2 bis 3 Tonnen. Oder auch mehr, denn leider sind die Autos, denen man den größten Status zubilligt, die größten Dreckschleudern. Das Traumauto hat mindestens 250 PS und wiegt 2 Tonnen, um einen Menschen von 80 Kilogramm zu transportieren. Kurzer Einschub: Ein Kollege sagte einmal: Wenn Männer mit energieeffizienten Heizungsanlagen so viel angeben könnten wie mit ihren Autos, dann wäre die Energiewende längst vollzogen.

Zurück zur Mobilität: Natürlich weiß ich, dass es Menschen gibt, die auf ihre Autos angewiesen sind. Die Krankenschwester, die morgens um vier Uhr zur Schicht muss und auf dem Land wohnt, wo nur einmal stündlich und erst recht um die Uhrzeit kein Bus fährt. Oder die gehbehinderte Person, die einmal wöchentlich zum Arzt muss – und da auch einen Parkplatz vor der Tür braucht. All diese Menschen werden immer wieder von Politiker:innen oder Lobbyist:innen angeführt, wenn es darum geht, den Autoverkehr einzuschränken. Sie seien auf das Auto angewiesen. Und dazu kommt noch als Argument: die Freiheit. Die Menschen wollten Autos.

Sicherlich sind Menschen auf ihr Auto angewiesen, wenn man ihnen durch jahrzehntelangen Abbau die öffentlichen Verkehrsmittel genommen hat und die Tarife für den öffentlichen Nahverkehr stärker steigen als die Benzinpreise. Wenn alle Infrastruktur auf den Autoverkehr ausgelegt ist, wenn die Kosten des individuellen Autoverkehrs, die schon für die Besitzer:innen höher sind als sie vermuten – für die zählt meist nur der Benzinpreis –, auf die Gesellschaft insgesamt umgelegt werden: Denn die Steuern auf Treibstoff und für das Auto finanzieren längst nicht all die Straßen – weder den Neubau noch deren Unterhalt. Hinzu kommen die Gesundheitskosten, die durch Feinstaub und Stickoxide entstehen.

Und klimapolitisch wird man mit rund 48,5 Millionen zugelassener Autos in Deutschland (2022) auch keines der Ziele einhalten, auf die man sich verpflichtet hat. Auch nicht, wenn statt der Verbrenner ausschließlich Elektroautos durch die Städte jagen.

Flugreisen sind mit Abstand der individuelle Klimakiller Nummer 1. Sie versauen einfach jede Bilanz: Fliegen wir von Berlin über Athen nach Kreta und zurück sind wir pro Nase für eine gute Tonne CO_2 verantwortlich, geht es nach Paris und zurück sind es 420 Kilogramm, nach Kapstadt fallen 4,8 Tonnen an, nach Santiago de Chile sind es sogar gut 9 Tonnen. Fliegen vier Personen von Berlin nach Basel (und zurück), produzieren sie gut 1,3 Tonnen CO_2, fahren sie die Strecke mit einem (Mittelklasse-)Auto, sind es hingegen (nur) knapp 300 Kilogramm insgesamt.

Laut Umweltbundesamt verursacht der Tourismus rund 5 bis 8 Prozent der globalen Treibhausgasemissionen. Die meisten Emissionen entstehen dabei bei der Anreise – vor allem bei Fernreisen sollten deshalb die Urlaube seltener, dafür länger stattfinden, um so die Zahl der Flüge zu reduzieren. Das Gegenteil ist zurzeit leider der Fall – die Zahl der kurzen Reisen zu entlegenen Zielen hat deutlich zugenommen.

Die Mobilität ist einer der Bereiche, in denen man genau sehen kann, dass unsere individuellen Entscheidungen in hohem Maße davon abhängen, was politisch beschlossen ist: Fliegen ist einer der Bereiche, die mit Subventionen verwöhnt werden. Fluggesellschaften zahlen keine Steuern auf Kerosin und keine Mehrwertsteuer (Bahngesellschaften aber schon), können aber mehrwertsteuerbefreit einkaufen. Landesregierungen und Gemeinden unterstützen großzügig den Ausbau von Regionalflughäfen und deren Betrieb – ohne die Subventionen wären Flughäfen wie Lübeck, Münster/Osnabrück oder Kassel-Calden längst pleite.

Aber natürlich bleibt ein individueller Spielraum. Ich habe mich entschieden: Nie Kurzstrecke, nie unter 1000 Kilometer, keine Kurztrips, und wenn ich doch einmal ins Flugzeug steige, wird der Flug mit Atmosfair kompensiert.

Ein weiteres Beispiel für individuelles Handeln: die Ernährung. Wir wissen durch zahlreiche Studien, die immer wieder aufs Neue bestätigt werden, dass Fleischesser gegenüber Vegetariern und Veganern den größeren CO_2-Fußabdruck besitzen. Und wir wissen auch, dass wir Deutsche große Fleischesser sind. Pro Kopf verputzen wir im Jahr knapp 60 Kilogramm davon, was nicht nur klimapolitisch, sondern auch ernährungswissenschaftlich eine Katastrophe ist – die Deutsche Gesellschaft für Ernährung empfiehlt etwa die Hälfte.

Dieser Fleischkonsum hat Folgen: Tierprodukte sind weltweit für doppelt so viele Treibhausgas-Emissionen verantwortlich wie pflanzliche Lebensmittel, obwohl sie mengenmäßig nur ein Neuntel der weltweiten Nahrungsmittelmenge ausmachen – achtmal so viel Getreide, Gemüse oder Obst wird weltweit angebaut. Ein Drittel des Trinkwassers wird in der Tierzucht verwandt, das Nutzvieh ist die größte Methanquelle überhaupt, und mehr als 80 Prozent der landwirtschaftlichen Nutzfläche weltweit dient zum Anbau von Viehfutter. Denn das meiste Soja, das auf den gerodeten Flächen des früheren Urwaldes in Brasilien angebaut wird, wandert in Tiermägen – nur verschwindend gering ist der Anteil, der als Sojaflocken oder als Tofu auf den Tellern der Vegetarier landet.

Und auch wenn wir wissen, wie umweltschädlich unser Verhalten ist, fällt es uns oft schwer, uns zu ändern. Warum auch, wenn das Flugticket billiger ist als die Bahnfahrkarte zum selben Zielort oder der Schweinebraten im Kilo nur 4,50 Euro kostet? Nicht immer kann man dem eigenen inneren Schweinehund widerstehen. Denn individuell lässt sich das komische Gefühl, das man hat, wenn man Dinge tut, von denen man weiß, dass sie nicht richtig sind, leicht überwinden: einfach nicht drüber nachdenken und schon fluppt die Sache – wird der Billigflug gebucht, auf die artgerechte Haltung beim Schweinebraten verzichtet und auch das Gaspedal im Auto schon mal bis zum Bodenblech durchgetreten. Sind ja nur Ausnahmen.

Daher braucht es gesellschaftliche Lösungen. Eine Gesellschaft sollte für sich definieren, was ihr wichtig ist: Dass sie beispielsweise umweltschädliches Verhalten höher und umweltfreundliches niedriger besteuern möchte. Dass sie die versteckten sozialen und ökologischen Kosten mit einpreist – dann würden die Bahntickets billiger, und die Flugticket- und Kraftstoffpreise steigen. Aber man hätte auch Geld für den Ausbau des öffentlichen Personenverkehrs.

Denn wenn man sich als Gesellschaft ein Ziel vornimmt – hier: die Klimakrise wirksam zu bekämpfen, das 1,5-Grad-Ziel von Paris einzuhalten –, dann muss man sich auch Regeln geben. Man kann nicht von jedem oder jeder Einzelnen erwarten, dass er oder sie diese andauernd selbst trifft.

Gibt man damit Freiheit auf, wie einige Politiker:innen wähnen? Mitnichten. Freiheit ist mehr als die Abwesenheit eines Verbotes, Freiheit ist auch einzusehen, dass ein menschliches Miteinander Regeln braucht – vor allem, wenn man ein gemeinsames Ziel hat. Vieles, was wir wertschätzen, geht auf Verbote und Regeln zurück: das Rauchverbot in Restaurants, das Verbot krebserzeugenden Asbests als Baustoff, das Gebot, eine Krankenversicherung abzuschließen oder die allgemeine Schulpflicht. All das hat mit Verantwortung zu tun. Und Freiheit ist ohne die nicht denkbar.

Und wenn sich etwas ändert, heißt das ja nicht, dass es sich zum schlechteren ändert. Manche Veränderungen merkt man gar nicht – es ist mir als Mitfahrer egal, ob die Bahn mit Strom aus erneuerbaren Energien oder aus Braunkohle fährt, Hauptsache, sie ist pünktlich. Und sauber und preiswert und bequem. Denn wenn sie bequemer, preiswerter und pünktlicher ist als das eigene Auto, dann wird sie auch genutzt – dann steigen die Menschen von alleine um, ohne sich über Klimaschutz, Nachhaltigkeit oder Umweltschutz Gedanken zu machen – ohne da noch eine zusätzliche Begründung zu suchen. Dann läuft die Verkehrswende.

Dann spricht auch keiner mehr über Verzicht. Doch was ist das überhaupt? Verzichten wir in Deutschland auf etwa zwei Drittel unserer Autos, verzichten wir auch: auf Dreck, Lärm, Feinstaub. Und gewinnen: ruhigere Städte, Raum auf den Straßen, Raum für Kinder, die dort spielen können, eine sicherere Fahrradinfrastruktur, bessere Luft, Parks und öffentliche Räume. Durch den Wegfall von Parkplätzen Raum für Stadtgrün – Bäume und Büsche und nicht versiegelte Fläche, die die Städte klimaresilienter machen. Und, und, und. Nur das Blech ist weg. Ist das wirklich Verzicht? Vielleicht lernen wir auch dadurch, wie ein besseres Leben aussehen kann.

Obwohl wir für das meiste politische Handeln gesellschaftliche Regeln brauchen, lohnt sich das individuelle Handeln dennoch. Schon, weil wir nicht auf die ideale Welt warten können. Und auch, weil es gut ist, nicht immer die erkannten und sichtbaren Probleme zu verdrängen. Nicht immer mit der eigenen kognitiven Dissonanz zu leben. Damit zu leben, dass man weiß, dass das, was man tut, nicht sinnvoll ist, aber immer wieder neue Entschuldigungen dafür zu suchen oder alte dafür zu aktivieren, doch gegen besseres Wissen zu handeln. Leben im Einklang mit sich selbst – so verkehrt ist das nicht.

Was muss passieren – in der Energiewirtschaft, der Landwirtschaft und dem Verkehr?

Soll Klimaneutralität erreicht werden, muss man erst einmal schauen, woher die ganzen Treibhausgasemissionen stammen. Aus der Industrie, der Landwirtschaft, dem Verkehr oder aus der Heizung oder dem Warmwasserbedarf von Gebäuden? Wo sind die größten Löcher, wo gibt es die größten Einsparpotentiale?

Das deutsche Umweltbundesamt hat für 2020 die Gesamtemissionen Deutschlands von 739 Millionen Tonnen CO_2 folgendermaßen aufgeteilt: 220 Millionen Tonnen entfallen auf die Energiewirtschaft, 178 Millionen auf die Industrie, 146 Millionen auf den Verkehr, 120 Millionen auf Gebäude, 66 Millionen auf die Landwirtschaft und Bodennutzung und 9 Millionen schließlich auf die Abfallwirtschaft und sonstiges. Nach anderen Berechnungen ist der Anteil des Verkehrs höher, da diesem dann der Emissionsanteil der Raffinerien zugeschlagen wird.

Die Energiewirtschaft steht vor der größten Aufgabe: Sie muss schnell dekarbonisiert werden. Insbesondere müssen die Kohlekraftwerke dringend abgeschaltet werden. Derzeit sind sie für etwa 24 Prozent aller Emissionen verantwortlich. Die letzten Atomkraftwerke sollten ursprünglich Ende 2022 vom Netz gehen, bis im Zuge der Gaskrise ab Mitte 2022 längere

Treibhausgasquellen in Deutschland

Die Treibhausgasquellen lassen sich für Deutschland in sieben Sektoren aufteilen (links). Rechts finden sich die größten Einzelquellen.

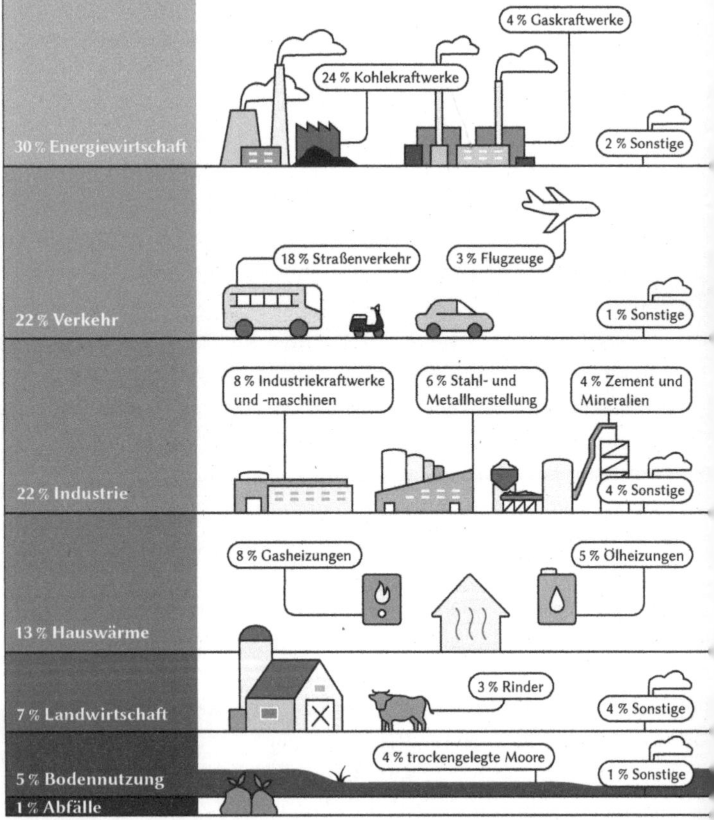

Klimabilanz der Verkehrsmittel in Deutschland

(in Gramm CO_2-Äquivalenten pro Personenkilometer)

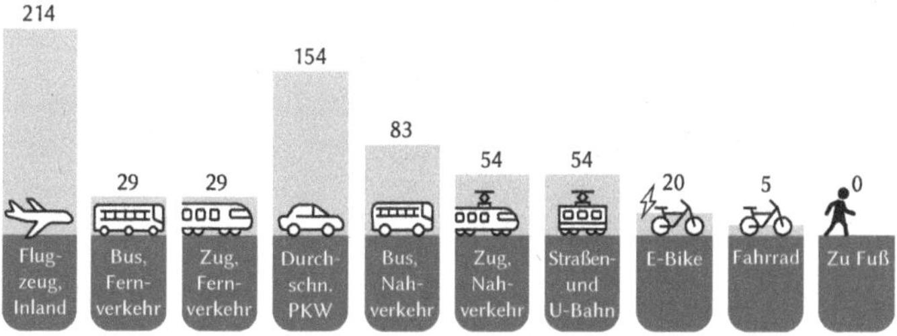

(Durchschnittswerte, die im Einzelfall abweichen)

Wo bleibt das vom Menschen freigesetzte CO_2?

(Jährliche Mengen in % und in Milliarden Tonnen (Gt), 2010–2019)

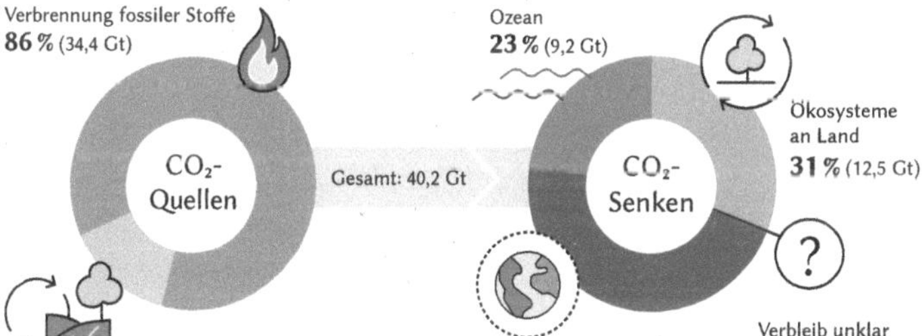

In der Atmosphäre verbleibt nur ein Teil des CO_2. Ohne CO_2-Senken wie etwa die Ökosysteme an Land (z. B. Wälder) würde der Klimawandel noch deutlich stärker ausfallen.

Laufzeiten diskutiert wurden. Auch die Gaskraftwerke sollen mittelfristig abgeschaltet werden. So verschiebt sich die Stromerzeugung. Hinzu kommt, dass wir in Deutschland zukünftig mehr Strom brauchen werden. Sei es für den elektrifizierten Verkehr, oder für die Heizung unserer Wohngebäude.

Vermutlich wird sich die dann erforderliche Strommenge vergrößern. Laut Bundeswirtschafts- und Klimaministerium braucht Deutschland gegenwärtig ungefähr 560 Terawattstunden Strom pro Jahr; Schätzungen gehen davon aus, dass sich diese Menge auf bis zu 900 Terawattstunden erhöhen wird. Dieser Strom soll überwiegend klimaneutral erzeugt werden – durch Windenergieanlagen und durch Photovoltaik.

Zurzeit verbraucht Deutschland Primärenergie in der Größenordnung von 3400 Terawattstunden im Jahr. Doch ist der Begriff der Primärenergie trügerisch. Denn Primärenergie lässt sich nicht eins zu eins nutzen. Bei allen Verbrennungsprozessen geht sehr viel Energie verloren. Beim Verbrennungsmotor im Pkw verschwinden 60 bis 70 Prozent der Energie als Wärme aus dem Auspuff. Auch Kohlekraftwerke haben nur einen Wirkungsgrad von ungefähr 50 Prozent.

Direkt erzeugter Strom ist da wesentlich günstiger. Weder bei der Photovoltaik noch beim Windrad gibt es nennenswerte Verluste. Und wandelt man Strom in Wärme um, beträgt der Nutzungsgrad 100 Prozent, nutzt man Strom, um eine Wärmepumpe anzutreiben, ist der Wirkungsgrad noch höher. Denn die Wärmepumpe zieht aus einer Kilowattstunde Strom drei bis vier Kilowattstunden Wärme. Genauer gesagt: Sie zieht mit einer Kilowattstunde Strom drei bis vier Kilowattstunden Wärme aus der Umwelt. Wandelt man Strom in Bewegung um, beträgt der Wirkungsgrad ebenfalls fast 100 Prozent – lediglich durch Reibung und Abwärme geht ein wenig verloren.

Die 178 Millionen Tonnen Klimagase, die auf die Industrie entfallen, sind zum einen Emissionen, die durch die Verbrennung fossiler Brennstoffe entstehen (etwa zwei Drittel), zum anderen solche, die bei chemischen Industrieprozessen anfallen. Der größere Anteil kann durch die Elektrifizierung und Verwendung grüner Brennstoffe wie Wasserstoff vermieden werden – schwieriger ist es beispielsweise in der Zementindustrie, Emissionen zu vermeiden. Das wird nur gelingen, indem weniger Zement verbaut wird.

Der Gebäudesektor ist, rechnet man die Fernwärme als Nebenprodukt der Stromerzeugung, also der Energiewirtschaft, heraus, durch Heizung und Heißwasserversorgung für etwa 13 Prozent aller Emissionen verantwortlich. Um diese Wärme zukünftig klimaneutral zu produzieren, müssen die Heizungssysteme umgestellt werden. Häuser müssen statt mit Öl oder Gas künftig entweder mit Wärmepumpen beheizt werden oder über Blockheizkraftwerke, die mit grünem Wasserstoff Fernwärme produzieren. Wichtig ist auch, dass der Wohnungsbestand gedämmt wird.

Der Verkehrssektor wird sich stark ändern müssen, was dreierlei bedeutet: Es muss weniger Verkehr geben, es muss auf klimafreundlichere Verkehrsmittel umgestiegen werden, und es muss auf klimaneutrale Antriebe umgestellt werden. Letzteres ist am einfachsten: E-Autos statt Verbrenner, denn schon jetzt ist es wesentlich günstiger, ein E-Auto zu fahren als einen Verbrenner: Nutzt man die heimische Steckdose, kosten 100 Kilometer mit dem E-Auto etwa 5 Euro.

Doch insgesamt muss der Fahrzeugbestand deutlich zurückgehen. Vom privaten Pkw muss auf Bus oder Bahn verlagert werden oder auf das Fahrrad, das in den Städten wieder die Rolle einnehmen muss, die es vor knapp 60 Jahren hatte: das

Individualverkehrsmittel Nr. 1 zu sein. Das macht die Städte auch leiser und sie und uns gesünder.

Die einfachste Maßnahme, mit der man direkt 2,6 Millionen Tonnen CO_2 einsparen könnte, wäre übrigens ein Tempolimit auf der Autobahn von 120 km/h. Eine allgemeine Geschwindigkeitsbegrenzung auf 30 km/h innerorts und 80 km/h auf Landstraßen wäre zusätzlich sinnvoll – auch um die Unfallzahlen zu reduzieren.

Bleibt die Landwirtschaft, die für etwa 7 Prozent aller Emissionen verantwortlich ist. Senken könnte man diese durch den Abbau der Tiermast, die allerdings einhergehen müsste mit einer Reduzierung des Fleisch- und Milchkonsums in Deutschland. Es würde dem Weltklima ja nichts nützen, wenn die Rinder und Schweine anderswo gemästet würden. Zusätzlich muss der Einsatz von Stickstoffdünger reduziert werden, denn große Mengen Dünger werden gar nicht von den Pflanzen aufgenommen, sondern bleiben auf dem Boden liegen und stoßen Treibhausgase aus.

Außerdem sollten Biogasanlagen nur noch Reststoffe verarbeiten – damit wird der oft unter hohem Einsatz von Dünger und Pestiziden erfolgende Anbau von Energiepflanzen wie Mais und Raps reduziert – was auch zu einer größeren Biodiversität führen kann.

Im Klimaschutzgesetz 2021 hat die deutsche Bundesregierung nicht nur ein Gesamtziel vorgelegt, sondern auch Klimaziele für einzelne Sektoren vorgeschrieben – es sagt, wie hoch die Einsparungen in den Bereichen Energie- und Landwirtschaft, Industrie, Gebäude und Verkehr bis 2030 insgesamt und abgestuft nach Zwischenzielen sein müssen. Diese Vorgaben werden regelmäßig auf Grundlage der Emissionsdaten, die das Umweltbundesamt zur Verfügung stellt, überprüft und im Klimaschutzbericht veröffentlicht. Überschreitet ein Sektor seine Ziele, muss das zuständige Ministerium ein Sofortprogramm vorlegen, das die Einhaltung der Zielvorgaben sicherstellt. Mit der Aufteilung nach Sektoren und der Zuständigkeit durch die jeweiligen Ministerien soll sichergestellt werden, dass Klimaschutz als Querschnittsaufgabe der Regierung verstanden wird und nicht nur von einem Ressort wie dem Umweltministerium ernst genommen wird.

Und wer soll das bezahlen?

Klimaschutz kostet. Kein Klimaschutz kostet mehr. Das ist bekannt, und es zeigt sich auch immer deutlicher. Dennoch stellt sich die Frage, wie viel er kostet und damit verbunden stellen sich mehrere weitere: Wer soll das bezahlen? Können sich nur Reiche den Klimaschutz leisten?

Inzwischen liegen zahlreiche Studien unterschiedlicher Forschungsinstitute vor, die ausgerechnet haben, was es kosten würde, die Erderwärmung unter 1,5 Grad Celsius zu halten. Der Weltklimarat schreibt beispielsweise in seinem Bericht von 2018, dass dafür die jährlichen Investitionen in erneuerbare Energien auf 3 Prozent des weltweiten BIP steigen müssen – das sind 2 Prozentpunkte mehr als 2022 vorlagen. Andere Studien kommen zu vergleichbaren Ergebnissen – so die Internationale Energieagentur oder auch eine Reuters-Umfrage unter Klimaökonomen aus dem Herbst 2021.

Zwar beschränken sich die Untersuchungen meist auf die beiden wichtigsten Bereiche Energie und Verkehr. Und wenn auch die absoluten Zahlen oft schwindelerregend hoch erscheinen, so darf man eines nicht vergessen: Das Geld, das ausgegeben wird, ist nicht einfach weg, konsumiert, verfrühstückt. Es ist investiert: In neue Technologien, in eine kohlendioxidfreie Energieversorgung, in neue Verkehrsmittel und -strukturen, in energieautarke Gebäude – Investitionen, die wiederum neue Möglichkeiten und Arbeitsplätze schaffen.

Auch darüber gibt es schon Berechnungen. Die Global Commission on the Economy and Climate, ein internationaler Thinktank, der untersucht, wie sich Länder trotz der Klimakrise entwickeln können, spricht in einer Analyse von 2018 davon, dass bis 2030 etwa 65 Millionen neuer Arbeitsplätze weltweit durch die Bekämpfung der Klimakrise entstehen könnten – ein wirtschaftlicher Nutzen von 26 Billionen US-Dollar.

Natürlich werden bestimmte Unternehmen dabei verlieren: Die Automobilkonzerne werden sich verändern müssen – die Gewinnmargen werden dort kleiner werden. Die Öl- und Kohleindustrie wird verlieren, Kraftwerke werden geschlossen, auch die industrielle Landwirtschaft wird weniger ertragreich. Dafür gewinnt aber die bäuerlich-biologische dazu, die dann auch mehr Menschen beschäftigen wird, und ob ein Ingenieur in der Automobilindustrie an Verbrennungsmotoren arbeitet oder den Windradbau weiterentwickelt, ist zunächst egal – beides können anspruchsvolle Aufgaben sein, bei der letzteren sind die Umweltkosten aber deutlich geringer. Strukturwandel ist eine anspruchsvolle Aufgabe, über die Politik sorgsam nachdenken muss.

Und einige der entstehenden Kosten könnten Regierungen anderswo einsparen: Durch den Abbau von klimaschädlichen Subventionen, etwa in den Straßen- und Flugverkehr, die weltweit zwischen 400 und 500 Milliarden US-Dollar im Jahr betragen.

Und ich? Und du?
Und der Rentner auf der Fensterbank?

So weit, so gut – weltweit gerechnet. Wie sieht es aber nun in Deutschland aus, wenn die Energiepreise steigen? Der Winter 2021/22 hat es dramatisch gezeigt: Die Gaspreise stiegen, die Strompreise stiegen, die Heizkosten stiegen. Deutschland versucht seit dem russischen Einmarsch in die Ukraine, seine langjährig gewachsene Abhängigkeit von fossilen Energien aus Russland, das mit Energieexporten seinen Krieg in der Ukraine finanziert, zu reduzieren. Das kostet. Und wenn eine wirksame CO_2-Bepreisung dazukommt, werden auch die Preise für Benzin, Heizung, Strom und auch Flugreisen weiterhin steigen.

Das schafft Probleme, auch wenn es kein Menschenrecht auf Billigflüge gibt. Zumal diejenigen, die am meisten an den steigenden Preisen leiden, den geringsten Anteil am Problem haben. Denn die Umweltbilanz des Rentners in Moabit, der – Achtung: jetzt kommen jede Menge Klischees – sich gern von in Plastik eingeschweißten Schweinenackensteaks vom Discounter ernährt und ansonsten gern mal das Verhalten der Nachbarschaft kommentierend auf der Fensterbank lehnt, ist im Zweifel besser als die des hippen Innenstadtbewohners oder Eigenheimbesitzers in der Vorstadt, der ein Auto sein Eigen nennt (muss nicht einmal ein SUV sein), sich überwiegend aus dem Biomarkt ernährt, ein- bis zweimal im Jahr eine Flugreise unternimmt und sein Geld vielleicht sogar nachhaltig in einen Windpark investiert hat. Er kann die steigenden Energiepreise vielleicht wegstecken, bei dem Rentner ächzt das Bankkonto aber, weil seine Vermieterin die Wohnung noch nicht energetisch saniert hat – lieber ihr Eigenheim vor der Stadt.

Wie gesagt: Jede Menge Klischees – aber jedes Klischee enthält ein Fitzelchen Wahrheit, meist mehr als ein Fitzelchen.

Und hier zeigt sich ein soziales Problem. Die Bepreisung von CO_2 belastet einkommensschwache Haushalte überproportional. Politik versucht, das Problem zu lösen. Nicht immer mit tauglichen Mitteln. Die Energie für alle künstlich zu verbilligen oder die Pendlerpauschale zu erhöhen, um die steigenden Benzinpreise aufzufangen, hat unerwünschte Nebeneffekte: Den Energieverbrauch mindert man so nicht, und je höher die Pendlerpauschale ist, desto mehr bietet sie einen Anreiz für eine Stadt- und Lebensplanung, die auf weite Entfernungen und die Zersiedelung der Landschaft setzt.

Und doch ist ein Ausgleich notwendig.

Findige Wirtschaftswissenschaftler:innen haben ausgerechnet, wie das funktionieren könnte, und in manchen Ländern wie Österreich ist das Modell so ähnlich schon Realität. Denn auch Österreich hat eine Abgabe auf fossile Energien beschlossen. Doch das Geld, das der Staat über diese Abgabe eingenommen hat, wird wieder ausgeschüttet. Pro Kopf – etwa 100 bis 200 Euro pro Person. Die genaue Summe hängt davon ab, wo die Menschen leben: In ländlichen Gebieten wird es mehr geben, weil dort der öffentliche Nahverkehr schlechter ist. Die deutsche Bundesregierung hat sich im Koalitionsvertrag von 2021 vorgenommen, solch ein Klima- oder Energiegeld zu »entwickeln« – was auch immer das genau heißen soll.

Gedacht ist, dass die Einnahmen aus der CO_2-Steuer, die ja den fossilen Energieverbrauch verteuert, teilweise als Pro-Kopf-Prämie an die Bürger:innen zurückgezahlt werden. Das heißt: Jeder bekommt gleich viel Geld als Klima- oder Energiegeld, nur was jeder einzahlt, ist unterschiedlich. Die Rechnung ist einfach. Jemand, der viel fossile Energie verbraucht bzw. für viele Emissionen verantwortlich ist – drei Urlaubsflüge im Jahr, Auto, großes Haus – zahlt mehr ein als derjenige, der mit dem Rad oder der Bahn in den Urlaub fährt und kein Auto besitzt und auch sonst keine klimaschädlichen Hobbys hat.

Atomkraft – immer noch: nein danke

Sie ist eines der Stehaufweibchen der Klimadebatte: die Atomkraft. Immer wenn es um CO_2-freie Energie geht, taucht sie wie ein Springteufelchen aus der Versenkung auf, mit immer denselben Argumenten, die schon so häufig widerlegt wurden.

Die Pro-Argumente sind schnell aufgezählt: Atomkraft sei CO_2-neutral, die neuen Reaktoren seien sicher und könnten als Minireaktoren in Serie gefertigt werden. Und fast alle Industrieländer der Erde würden auf Atomkraft setzen.

Beginnen wir mit der CO_2-Neutralität: Dem Bericht des Weltklimarates IPCC aus dem Jahr 2014 zufolge emittieren die Kernkraftwerke zwischen 3,7 und 110 Gramm CO_2 pro Kilowattstunde Strom, das Umweltbundesamt spricht von 55 Gramm. Das ist deutlich weniger als bei Kohle oder Gas, aber mehr als beim Windstrom. Der sorgt an Land für 18 Gramm CO_2 je Kilowattstunde, offshore für 10 Gramm. Preislich ist der Vorteil der erneuerbaren Energien übrigens gewaltig: Eine Kilowattstunde Atomstrom kostet weltweit zwischen 13 und 20 Cent, eine aus Wind zwischen 3 und 8 Cent. Und auch diese Preise zwischen 13 und 20 Cent entstehen nur dank großzügiger Subventionen. Eine Studie des Deutschen Instituts für Wirtschaftsforschung in Berlin kam 2019 zu dem Schluss, dass »keines der bisher über 600 weltweit gebauten Atomkraftwerke wettbewerbsfähig war.« Und weiter heißt es, sie würden »im Durchschnitt einen Verlust von 4,6 Milliarden Euro« erwirtschaften.

Kein Wunder: Bauzeiten und -kosten der neuesten Atomkraftwerke haben sich in zahlreichen Fällen vervielfacht: Der französische Druckwasserreaktor EPR in Flamanville sollte ab 2012 Strom produzieren, die Inbetriebnahme wird aber frühestens im Jahr 2024 erfolgen. Statt der ursprünglichen 3,3 Milliarden wird der Meiler mindestens 13,2 Milliarden kosten. Tendenz steigend. Dazu kommen noch gut 5 Milliarden Euro an Finanzierungskosten. Am Schwesterprojekt im finnischen Olkiluoto wird seit 2005 gebaut, es sollte 2009 eröffnen. Im April 2023 ging es erstmals in Betrieb. Auch hier liefen die Baukosten davon: Sie betrugen etwa 11 Milliarden Euro. Das dritte Beispiel ist das britische Projekt Hinkley Point C, dessen Kostenschätzung für den Bau fünf Jahre nach Baubeginn schon von etwa 20 Milliarden Euro auf 25 Milliarden Euro korrigiert werden musste. Einigermaßen problemlos läuft der Atomkraftbau nur in Staaten, die über wenig demokratische Kontrolle verfügen: China, Kasachstan, die Türkei, die Vereinigten Arabischen Emirate, Russland – aber selbst in diesen Ländern gibt es immer wieder terminliche Verzögerungen.

Die Kosten für eine Versicherung der Atomkraftwerke und die Entsorgung der Brennstäbe sind bislang unkalkulierbar.

2011 haben Finanzmathematiker im Auftrag des *Manager Magazins* ausgerechnet, wie teuer eine Haftpflichtpolice für ein Atomkraftwerk wäre: sagenhafte 72 Milliarden Euro im Jahr. Deshalb sind die Meiler in Deutschland komplett unterversichert, im Zweifel haftet der Staat. Dass Versicherungen die Schadensfolgen so hoch einschätzen, zeigt dass – egal wie oft man das Gegenteil behauptet – Atomkraft eine unsichere

Energiequelle bleibt. Allein in Deutschland hat es in den letzten Jahrzehnten Dutzende von Störfällen gegeben. Das spaltbare Material muss gegen Terrorangriffe und gegen Diebstahl geschützt werden – und muss schließlich zwischen- und endgelagert werden.

Jedes Jahr fallen allein in Deutschland derzeit schätzungsweise rund 150 Tonnen hoch radioaktive, abgebrannte Brennelemente an und bis 2080 werden es laut Bundesgesellschaft für Endlagerung mehr als 10 500 Tonnen hoch radioaktiven Abfalls sein – eine Menge von 27 000 Kubikmetern, die jahrtausendelang sicher eingelagert werden muss. Wo, weiß bislang niemand. Dazu kommt die zehnfache Menge an schwach radioaktivem Material, das in dem stillgelegten Eisenerz-Bergwerk in Salzgitter endgelagert wird.

Schließlich die Urangewinnung: Uran ist auch ein endlicher Energieträger. Wie lange das weltweite Uranvorkommen reicht, ist umstritten – es hängt davon ab, wie hoch der Preis ist, für den es sich wirtschaftlich fördern lässt, oder auch von welchem Uran man spricht. In den meisten Kernkraftwerken wird Uran-235 genutzt, was ein knappes Prozent des natürlichen Urans ausmacht. Wesentlich effektiver wären die sogenannten Schnellen Brüter, da mit ihnen auch das restliche Uran zur Energiegewinnung genutzt werden könnte – allerdings wird nirgendwo auf der Erde ein Reaktor dieser Art zur Energiegewinnung genutzt. Die Uranförderung ist weltweit umweltbelastend.

Auch die viel gepriesenen Mini-Reaktoren, an denen u. a. Bill Gates, die französische und die britische Rüstungsindustrie forschen lassen, sind keine Lösung. Die sogenannten Small Modular Reactors (SMR) erzeugen lediglich bis zu 300 Megawatt. Sie sollen mit einzelnen Komponenten in Serie vorproduziert und dann vor Ort montiert werden – was Bauzeit und Kosten spart. Die Internationale Atomenergie-Organisation (IAEA) hält sie für eine prima Ergänzung der erneuerbaren Energien – aber die IAEA ist laut ihrer Satzung auch dazu verpflichtet, »den Beitrag der Kernenergie zu Frieden, Gesundheit und Wohlstand weltweit [zu] beschleunigen und [zu] vergrößern«. Das schließt Objektivität nicht unbedingt ein.

Zumal manche Sicherheitsfragen dieselben wären wie bei großen Atomkraftwerken. In den einzelnen Anlagen ist zwar wenig nukleares Material enthalten, dafür braucht man zehntausende von ihnen. Was die Gefahr einer Havarie erhöht. Zudem: Diese neuen Reaktoren werden frühestens ab 2030 auf den Markt kommen. Selbst wenn das klappen würde, wäre es, um das Paris-Abkommen mit dem 1,5-Grad-Ziel einzuhalten, zu spät.

Umweltschädliche Subventionen

Das Umweltbundesamt hat für Deutschland eine Rechnung aufgemacht. Und zwar eine peinliche. Rühmte sich die Bundesregierung damit, dass sie 2021 Finanzhilfen von insgesamt 16,2 Milliarden Euro gewährt hat, die »einen klaren Bezug zu den in der Deutschen Nachhaltigkeitsstrategie verankerten Umwelt- und Klimaschutzzielen aufweisen«, so hat sie 2018 insgesamt 65,4 Milliarden Euro Subventionen gewährt, die das Umweltbundesamt als umweltschädlich einstuft. »Prominente Beispiele sind«, so das Umweltbundesamt,

> die Befreiung des gewerblichen Luftverkehrs von der Kerosinsteuer, die Energiesteuerermäßigungen für das Produ-

zierende Gewerbe und die Landwirtschaft, die Energiesteuerermäßigung von Dieselkraftstoff und die steuerliche Begünstigung von Dienstwagen.

Und auch der Europäische Gerichtshof moniert, dass fossile Energien in fünfzehn Ländern der EU noch immer stärker subventioniert werden als die erneuerbaren Energien.

Schlüsselt man die einzelnen Subventionen in Deutschland nach den verschiedenen Sektoren auf, so ergibt sich folgendes Bild: 30,7 Milliarden Euro (47 Prozent) entfallen auf den Verkehrssektor, 25,5 Milliarden Euro (39 Prozent) auf den Bereich der Energie, 5,9 Milliarden Euro (9 Prozent) auf die Land- und Forstwirtschaft und 3,3 Milliarden Euro (5 Prozent) auf das Bau- und Wohnungswesen. Vor allem werden energieintensive Unternehmen mit hohem Stromverbrauch aus der Stahl-, Aluminium- und Zementindustrie sowie auch die Auto- und Flugzeugindustrie und die Energieversorger begünstigt, da sie großzügige Ausnahmen bei der Stromsteuer genießen.

Es ist widersinnig: Die umweltschädlichen Subventionen führen dazu, dass der Staat doppelt Geld ausgibt. Für und gegen Klimaschutz, für und gegen Biodiversität. Er fördert den Kauf eines Elektroautos mit bis zu 9000 Euro und gleichzeitig den Betrieb alter und neuer dreckiger Dieselfahrzeuge durch das Dieselprivileg, das den Treibstoff verbilligt – ein Widerspruch, der jedem auffallen müsste. Auch wenn man trefflich darüber streiten kann, ob Elektroautos umweltfreundlich sind. Warum werden eigentlich Fahrräder kaum gefördert?

Als »wahrscheinlich alternativlos« bezeichnete im Oktober 2018 der Weltklimarat IPCC technische Eingriffe ins Klima, wolle man das im Paris-Abkommen vereinbarte Ziel, die Erderwärmung deutlich unter 2 Grad Celsius zu beschränken, einhalten.

Geo-Engineering nennen sich diese Eingriffe in das Klimasystem, die auf zwei Ansätze aufbauen können. Der eine ist, CO_2 aus der Atmosphäre zu entfernen, der andere, einfallendes Sonnenlicht durch Solar Radiation Management (siehe Kap. »Solar Radiation Management«) von der Erde abzuhalten. Wobei die meisten Klimawissenschaftler:innen, wenn überhaupt, die CO_2-Entnahme aus der Luft sinnvoll finden.

In Hinwil, einem kleinen Ort in der östlichen Peripherie von Zürich, wurde das gemacht. Auf der Müllverbrennungsanlage der Region baute die Firma Climeworks zwei sogenannte Direct-Air-Capture-Anlagen auf.

Direct Air Capture bezeichnet die Technik, CO_2 direkt aus der Luft abzugreifen. Weltweit gibt es nur wenige Firmen, die so etwas tun. Mehr haben sich hingegen darauf spezialisiert, CO_2 dort abzufangen, wo es entsteht. Zum Beispiel in Kraftwerken, in denen fossile Energieträger verstromt werden.

Alle diese Techniken haben mehrere Gemeinsamkeiten: Zunächst Abkürzungen mit vielen Cs drin: CCU, CCS, BECCS oder auch BECCU.

CCU bedeutet Carbon Capture Use, CCS Carbon Capture Storage, BECCS dann Bio Energy Carbon Capture Storage und BECCU dementsprechend Bio Energy Carbon Capture Use. Es geht immer darum, CO_2 aufzufangen (Carbon Capture) und dann entweder zu nutzen (Use) oder endgültig zu lagern (Storage). Manchmal stammt das CO_2 aus Bioenergieanlagen

(Bio Energy). Und all diese Techniken hängen miteinander zusammen.

In Hinwil wurden etwa 1500 Tonnen CO_2 im Jahr aus der Luft herausgefiltert, was etwa dem Jahresausstoß von 160 Durchschnittsdeutschen entspricht. Das aufgefangene CO_2 wurde dann an eine Firma, die kohlensäurehaltige Getränke produziert, und einen Gartenbaubetrieb weitergegeben (CCU). Und auf dem Dach der Müllverbrennungsanlage stand die Anlage, weil man so die Abwärme, die Energie, nutzen konnte, um die Filter zu betreiben. Climeworks hat die Anlage, die ein Pilotprojekt war, inzwischen abgebaut, ist aber in größerem Rahmen auf Island engagiert. Dort wird CO_2 herausgefiltert und unterirdisch verklappt. Um eine Tonne CO_2 aus der Luft zu filtern, werden 2500 bis 3000 Kilowattstunden Strom benötigt. Viel Energie – und deshalb wird auch geforscht, wie das Direct Air Capture energieeffizienter gestaltet werden kann. Ein Problem gibt es beim CO_2-Filtern: Etwa 420 ppm beträgt der Anteil des Kohlendioxids in der Luft. Das ist sehr wenig, weshalb man, um nennenswert CO_2 zu gewinnen, bei der Direct Air Capture sehr viel Luft umschlagen muss.

Wissenschaftler:innen untersuchen weltweit Möglichkeiten, wie das energiesparender geschehen kann.

An der Arizona State University bauen Klaus Lackner und Allen Wright mit ihrem Team am Center for Negative Carbon Emissions eine Art künstlicher Bäume, die die Luft nicht ansaugen, sondern nur vom Luftzug durchweht werden und dabei das Kohlendioxid aus der Luft gewinnen – Kurzdarstellungen davon sind auf YouTube zu bewundern. Und in Karlsruhe versucht Roland Dittmeyer am Karlsruher Institut für Technologie, bereits bestehende Infrastruktur zu nutzen: Klimaanlagen, da diese riesige Luftmengen umwälzen.

Aus dem so gewonnenen CO_2 könnten dann synthetische Kraftstoffe entstehen. Laut Dittmeyer wären allein die Lüftungsanlagen des Frankfurter Messeturms für 2000 bis 4000 Tonnen synthetischer Kraftstoffe im Jahr gut, und mit den Lüftungsanlagen der Filialen der großen Supermarktketten in Deutschland ließen sich jährlich etwa 3 Millionen Tonnen Treibstoff erzeugen. Ein knappes Drittel des gesamten deutschen Kerosinbedarfs.

Doch damit verbliebe das CO_2 im System, gewonnen aus der Atmosphäre und direkt wieder in die Atmosphäre gepustet. Doch es geht ja auch darum, gewonnenes CO_2 nicht wieder in die Atmosphäre zu entlassen. Denn man braucht sogenannte negative Emissionen. Wohin also mit dem CO_2?

Es gibt verschiedene Optionen, doch der Königsweg ist noch nicht gefunden: Man weiß, dass bestimmte Gesteinsarten CO_2 binden, vor allem an der Oberfläche. Um die Oberfläche zu vergrößern, müsste man aber riesige Gesteinsmengen zertrümmern, was viel zu viel Energie verbrauchen würde. Man könnte auch das Meer großflächig düngen oder umpumpen, um das Algenwachstum zu beschleunigen – die Algen würden dann CO_2 speichern. Auch das bräuchte wieder viel Energie.

Bleibt die **Speicherung von CO_2**. In unterirdischen geologischen Strukturen. Im Brandenburgischen Ketzin wurden von 2008 bis 2013 versuchsweise fast 70 000 Tonnen CO_2 in unterirdische Gesteinsstrukturen eingelagert, und Fachleute versichern, dass bis heute kein Gas entwichen sei. Sie schätzen, dass es allein in Deutschland wahrscheinlich Lagerkapazitäten von 11 bis 15 Gigatonnen gäbe. Aber bislang wird das nicht praktiziert – auch alle Forschungsversuche sind eingestellt.

In Norwegen wird schon seit 1996 abgeschiedenes CO_2 in leergepumpte Gaslagerstätten verpresst – auch unter der Nordsee. Norwegen will vom Ölförderland zum CO_2-Speicherland werden. Und auf Island baut die Firma Climeworks, die in Hinwil die CO_2-Rückgewinngsanlage betreibt, das sogenannte Carb-Fix-Projekt aus. Dort wird mit viel Druck mit Meerwasser gemischtes CO_2 in den Untergrund gepumpt, wo es sich innerhalb von knapp zwei Jahren an Basaltgestein andockt und mineralisiert. Vielleicht ein Weg, wenn die Kosten nicht so hoch wären. Denn die liegen bei 600 US-Dollar pro Tonne CO_2 – Vermeidung ist somit deutlich preiswerter.

Eine dritte Idee entwickelt das finnische Unternehmen Solar Food. Das CO_2 einfach aufessen. Mit Hilfe von erneuerbarer Energie, Vitaminen und aus der Luft gewonnenem CO_2 züchtet die Firma einzellige Mikroben, die zu zwei Dritteln aus Proteinen bestehen, und aus denen sie ein Mehl produziert, das die Grundlage für viele Nahrungsmittel sein kann.

Aber ob wir alles CO_2 einfach aufessen können? Das ist fraglich. Doch einen Vorteil benennt Pasi Vainikka, einer der Gründer von Solar Foods: Nahrung wird losgelöst vom Landverbrauch erzeugt: Selbst wenn man Solarzellen nutze, um die notwendige Energie zu erzeugen, brauche man höchstens ein Zehntel der Landfläche, um die gleiche Menge an Proteinen auf pflanzlicher Basis wie Soja zu erzeugen. Man brauche keine Agrarflächen mehr, man könne Nahrung in Wüsten produzieren.

Und naturbasierte Lösungen

Durch Lösungsansätze wie den oben skizzierten würden weitere Flächen zur Aufforstung frei und für eine nachhaltigere Landwirtschaft nutzbar. Denn Aufforstung ist eine der einfachsten Möglichkeiten, der Atmosphäre CO_2 zu entziehen. In Deutschland ist der Waldbestand auf dem historisch niedrigsten Niveau. Und wenn die Aufforstungsflächen nicht mit denen zum Nahrungsmittelanbau konkurrieren, wenn dann zusätzlich nicht nur Monokulturen angebaut werden, wenn dann noch das Holz als Baumaterial genutzt wird und somit vielleicht Dutzende, vielleicht hundert, vielleicht sogar mehre 100 Jahre nicht verrottet und dabei wieder das gebundene CO_2 an die Atmosphäre abgibt, dann wäre wirklich etwas gewonnen.

Naturbasierte Lösungen nennt sich das. Insgesamt haben in den letzten Jahrzehnten Böden, Wälder und die Meere etwa die Hälfte der menschengemachten Emissionen aufgenommen – unsicher ist allerdings, wie viel mehr CO_2 Böden und Wälder noch aufnehmen können. Weltweit sind Moore auch wichtige **CO_2-Senken**. Nur 3 Prozent der weltweiten Landfläche sind intakte Moorgebiete, sie binden aber ein Drittel des gesamten Kohlenstoffs auf der Erde – das ist doppelt so viel wie die Wälder der Welt. Von den ursprünglich 1,5 Millionen Hektar Moorgebiet in Deutschland wurden fast 95 Prozent entwässert und abgetorft und werden heute land- und forstwirtschaftlich genutzt oder wurden bebaut.

Die Trockenlegung und landwirtschaftliche Nutzung von Mooren trägt mit etwa 7 Prozent stark zum Ausstoß von Kohlendioxid und Lachgas bei. Werden Moore wieder vernässt, zersetzen sich die dort vorhandenen Pflanzenreste nicht mehr, weil die dafür verantwortlichen Mikroorganismen unter Wasser nicht wirken. Die Pflanzenreste lagern sich dann an und werden zu Torf, in dem der Kohlenstoff, den die Pflanzen aus der Atmosphäre entnommen haben, langfristig gebunden ist. Da ein Hektar intakten Moors fast sechsmal mehr CO_2 speichern kann als ein Hektar Wald, müssten Moore nicht nur in Deutschland, sondern weltweit in großem Maße wiedervernässt werden.

Moore zu renaturieren ist wenig aufwendig. Man darf in den entsprechenden Gebieten dem Boden bloß kein Wasser mehr entziehen.

Solar Radiation Management

Ich hatte einen Traum, der nicht nur Traum war.
Die helle Sonne war verloschen, und die Sterne
Durchwanderten dunkel den ewigen Raum,
Ohne Licht, ohne Weg, und die eisige Erde
Schwankte blind und schwärzlich im mondlosen All; […]

1816 schreibt Lord Byron sein Gedicht »Finsternis« – eine Untergangsvision. Im Sommer dieses Jahres waren er, sein Leibarzt John Polidori, der Schriftsteller Peter Shelley und dessen spätere Ehefrau Mary an den Genfer See gereist. Doch aus der geplanten Sommerfrische wurde nichts. Es war zu kalt. 1816 ging als das Jahr ohne Sommer in die Geschichte ein. Den Bauern erfroren die Ernten, Unwetter ließen die Flüsse über die Ufer treten, Schnee fiel auch in tiefen Lagen. Die Reisegesellschaft fror und erzählte sich Gruselgeschichten.

Mehr als ein Jahr zuvor, im April 1815, war der indonesische Vulkan Tambora in einer gigantischen Eruption ausgebrochen.

Asche regnete noch 1300 Kilometer entfernt vom Himmel und verdunkelte im Umkreis von bis zu 600 Kilometern den Himmel zwei Tage lang fast vollständig. Staubpartikel verringerten vor allem auf der Nordhalbkugel monatelang die Sonneneinstrahlung und schufen fantastische, außergewöhnlich farbenprächtige Sonnenuntergänge. Es war kalt.

Und 200 Jahre später entstand eine Idee: Die Sonneneinstrahlung verringern – kann das die Lösung der Klimakrise sein?

Solar Radiation Management (SRM) bedeutet, dass man versucht, mit technischen Methoden die Sonneneinstrahlung auf die Erde zu beeinflussen. Zum Beispiel dadurch, dass man Aerosole in die Atmosphäre bringt, die das Sonnenlicht nicht durchlassen. Das ist machbar, das wissen Wissenschaftler:innen. Was sie nicht wissen, ist, welchen Anteil an Erwärmung man damit verhindern kann. Und inwieweit sich unerwünschte Nebenwirkungen ergeben: Ob sich solche Eingriffe in das Erdsystem auf globale Strömungsverhältnisse auswirken können? Ob sich Niederschlagsgebiete verschieben, ob damit nicht vielleicht andere extreme Stürme entstehen, an Stellen, wo sie vielleicht heute noch nicht entstanden sind? Und was für klimatische Folgen mit diesen Eingriffen genau verbunden sind.

Zudem: Solar Radiation Management ist auch politisch hoch problematisch. Denn wer entscheidet am Ende darüber, ob man es wirklich betreibt? Einzelne Staaten? Wer legt die Regeln fest? Die Weltgemeinschaft? Dieselbe Weltgemeinschaft, die sich seit Jahrzehnten in einem dauernden Auf und Ab nur bruchstückhaft auf Klimaziele einigen kann?

Internationale Konflikte seien vorprogrammiert, meint Oliver Geden, der sich bei der Berliner Stiftung Wissenschaft und Politik mit Klimafragen beschäftigt. Er entwirft ein Beispiel:

»Man stelle sich vor, dass einige Länder SRM betreiben. China beispielsweise, Indien aber nicht, und dann fällt der Monsun in Indien aus.« Und es müssen gar nicht die großen reichen Länder sein, die vom Export und dem Verbrennen fossiler Energien leben – es können auch Länder des Globalen Südens sein, die SRM fordern – weil sie angesichts von Dürren, Überschwemmungen und Landverlusten verzweifelt sind.

Wie also mit SRM umgehen? Man wird sich in der Weltgemeinschaft damit auseinandersetzen müssen. Der Geist ist aus der Flasche. Man weiß, dass es funktionieren kann – jeder größere Vulkanausbruch bestätigt das.

Dem des Tambora von 1815 folgten Kälte und Dunkelheit, Hunger und Armut. Und Gruselgestalten: Mary Shelley schrieb den *Frankenstein*, John Polidori erfand den *Vampyr*, Lord Byron verfasste seine Untergangsvision.

Und es wird gehen

Ich weigere mich zu glauben, dass es so kommen wird wie in *Don't Look Up* – jenem Film, in dem Leonardo DiCaprio und Jennifer Lawrence zwei Wissenschaftler spielen, die erkennen, dass eine globale Katastrophe bevorsteht (2021, R: Adam McKay). Die warnen und warnen, die zunächst auf die Politik vertrauen. Denen man erst nicht glaubt, dann doch, dann Handeln vorgaukelt. Am Ende lassen superkluge Start-up-Pioniere die Politiker schließlich glauben, man könne dank technischer Allmacht mit dem »Problem« konstruktiv und zum Wohle des Wirtschaftswachstums umgehen. Klappt aber leider nicht – und das war's dann für die Menschheit.

Ich weigere mich, das zu glauben.

Ich glaube, dass wir 2050 in einer anderen Welt leben – falls ich dann noch lebe. Ansonsten meine Kinder. In einer, die zum Beispiel heißer ist als heute – denn das wird sich nicht mehr aufhalten lassen.

Und trotzdem wird das Leben in Deutschland noch lebenswert sein, in Teilen sogar lebenswerter als heute. Denn vieles andere wird sich auch geändert haben, zum Beispiel der Verkehr in den Städten. Vielleicht wird nur noch ein Drittel aller Autos unterwegs sein, vielleicht noch weniger. Deutlich mehr

Menschen fahren Fahrrad und nutzen den öffentlichen Verkehr. Fußgänger müssen nicht mehr stundenlang warten, bis sie über die Straße kommen, auch weil nur noch langsamere Elektroautos leise und sauber unterwegs sind. Lärm, Dreck, Feinstaub und Auspuffgestank sind verschwunden.

Auf dem Land sieht es noch anders aus. Aber auch dort sind überwiegend Elektroautos unterwegs. An den Bahnhöfen dort gibt es Ladestationen für Pkw und Fahrräder, die Bahnhöfe sind herausgeputzte Mobilitätsstationen, an denen man sich schnell auch ein E-Bike leihen kann. Aufgeladen über die Solarzellen auf den Dächern, unter denen sie parken.

Wir werden uns überall an den Anblick von Solarpanelen auf den Dächern gewöhnen – in der Stadt und auf dem Land. Auch an den von Windrädern – schon 1895 drehten sich in der Norddeutschen Tiefebene die Flügel von zugegebenermaßen wesentlich kleineren 18 382 Windmühlen. Und sicherlich werden die Windräder das Landschaftsbild verändern. Nicht überall zum Besseren. Aber das tun alle anderen Infrastrukturprojekte auch: Eisenbahntrassen, Gewerbegebiete und Autobahnen. Dafür verschwinden die Kühltürme der Kohlekraftwerke, die gigantischen Aushube des Braunkohletagebaus – die Gruben von Garzweiler umfassten ein Gebiet von etwa 100 Quadratkilometern.

Und Windräder werden auch nicht überall negativ erlebt. Tourismuskataloge von der Nordsee zeigen gern Familien mit Fahrrädern auf dem Deich, hinter dem ein Windrad aufragt. Eine landschaftlich-technisch-ästhetische Erfahrung, die heute als Bestandteil von Heimat begriffen wird. Und Heimat wird sich verändern, so wie sie sich immer verändert hat.

Wir stehen am Beginn einer großen Veränderung. Die kann schnell gehen – so wie es beim Klima Kipppunkte gibt, so gibt es die auch in der gesellschaftlichen Entwicklung. Auch unvorhersehbare. Die Corona-Pandemie hat unsere Weltsicht in Teilen verändert – hin zu einer Welt, in der viel weniger gereist wurde. Wo es den Wochenendtrip mit dem Flugzeug nicht gab, auch nicht den schnellen Businesstrip von Hamburg nach München, um dort an einer einstündigen Konferenz teilzunehmen. Das haben wir in dieser Zeit gelernt. Wir könnten es beibehalten.

Ich glaube daran, dass wir schlau genug sind, die richtige Wahl zu treffen. Wir haben zwei Möglichkeiten: Wir können den sogenannten disruptiven Wandel abwarten, sprich weitermachen, bis es nicht mehr weiter geht, und wir zusehen können, wie unsere bisherige Lebensweise Stück für Stück zerfällt oder wir können uns freiwillig von der jetzigen Art zu leben abwenden. Als freiwillige Verhaltensänderung oder auch Lebensstiländerung.

Ansatzpunkte dafür gibt es bereits, in Initiativen, Zusammenschlüssen und Genossenschaften, die andere Lebensmodelle erproben. Sei es als Wohnprojekt oder Urban-Gardening-Gruppe, als Verbrauchergenossenschaft, als Bürgerenergie-Vereinigung, als gemeinnütziges Unternehmen, als Produktionsgenossenschaft, Ökodorf oder Solidarische Landwirtschaft – überall gibt es Projekte, die als Blaupause für ein anderes Leben funktionieren können.

Dass wir handeln müssen, das wissen wir. Dass wir schnell handeln müssen, auch. Dass wir es Jahrzehnte versäumt haben – auch das ist bekannt. Nicht beachtet haben, was unbeabsichtigte Nebenfolgen unseres Handelns waren.

Denn ein Gedanke ist für uns prägend: Dass der Mensch die Natur beherrschen soll. Er ist tief in unserer Kultur verankert. Und wir haben danach gehandelt. Doch wir müssen begreifen:

Wir stehen als Menschen nicht außerhalb der Natur. Wir sind Teil von ihr. Geprägt durch die Welt, prägend für die Welt, mit ihr verbunden und in ihr zeitlich und räumlich verankert.

»Ich war vor 50, 60 Jahren in Deutschland, die Lebensqualität war ziemlich gut, die Leute waren zufrieden, die allgemeine Gesundheitssituation war ziemlich gut. Man hatte keine iPods, keine Autos mit 400 PS, keine Klimaanlagen, aber es ist absolut möglich, so zu leben«, sagte Dennis Meadows in einem Interview im Deutschlandfunk Kultur 2011.

Dennis Meadows ist der Mann, der gemeinsam mit seiner Frau Donella Meadows und 15 anderen Wissenschaftler:innen 1972 im Auftrag des Club of Rome die Studie *Die Grenzen des Wachstums. Bericht des Club of Rome zur Lage der Menschheit* herausgab. Eine Studie, deren Titel zum geflügelten Wort wurde, und die die Entwicklung der Welt mit den zentralen Einflussgrößen Bevölkerung, Industrie- und Nahrungsmittelproduktion, Umweltbelastung und Rohstoffvorkommen durchspielte – und zwar in einer ganzen Reihe von Szenarien.

Die pessimistischen wurden mehr und mehr rezipiert – auch weil die Vergleichswerte ihnen eher Recht gaben: Sie laufen darauf hinaus, dass im Laufe unseres 21. Jahrhunderts ein wirtschaftlicher und ökologischer Kollaps erfolgt – wenn wir nicht rechtzeitig umsteuern. Das ist möglich, denn die Autor:innen um Meadows haben ja auch die Vision eines »Zustands weltweiten Gleichgewichts« und Wege dorthin beschrieben.

Es ist ein Leben, das bescheidener ist und das an das Zitat von Meadows über die 1960er Jahre erinnert. Als noch nicht von Nachhaltigkeit gesprochen wurde – man aber nachhaltiger lebte als heute: Es gab keine Fast Fashion, Kleidung wurde noch repariert, Nahrungsmittel kaum weggeschmissen, und

Möbel hielten mindestens eine Generation. Und ob die Menschen damals unglücklicher waren als heute, ist fraglich. Und das bei einem erheblich niedrigeren Ressourcenverbrauch.

Wir müssen nicht zurück in die 1960er Jahre gehen – wir müssen nur davon wegkommen, immer mehr zu wollen. Wir wissen instinktiv und individuell, dass es ein Fehler ist, dass Autos immer größer werden, dass wir immer mehr und viel zu viel konsumieren und sinnlos Dinge anhäufen. Liegt Freiheit darin, sich nie individuell einschränken zu müssen? Oder besteht sie darin einzusehen, dass man nicht auf Kosten anderer Menschen – und auch nicht auf Kosten zukünftiger Generationen – leben will oder gar muss?

Auch das ist eine Debatte, die wir eben nicht nur individuell, sondern als Gesellschaft neben den ganzen technischen, fiskal-, verkehrs- und umweltpolitischen Disputen viel stärker führen müssen: Wie wollen wir wirklich leben? Wie sieht ein gelungenes glückliches Leben aus?

Lektüretipps

Dion, Cyril: Kurze Anleitung zur Rettung der Erde. Wofür wir heute kämpfen müssen. Stuttgart 2019.

Edenhofer, Ottmar / Jakob, Michael: Klimapolitik. Ziele, Konflikte, Lösungen. München 2017.

Hentschel, Karl-Martin / Kenzer, Steffen: Handbuch Klimaschutz. Wie Deutschland das 1,5-Grad-Ziel einhalten kann. München 2020.

Heymann, Matthias: Klimaforschung und Wandel. Wie der Klimawandel in Wissenschaft und Politik gelangte. Physik Journal (2021) 11. 7. S. 22–27.

Joeres, Annika / Götze, Susanne: Die Klimaschmutzlobby. Wie Politiker und Wirtschaftslenker die Zukunft unseres Planeten verkaufen. München 2020.

Kemfert, Claudia: Mondays for Future. Freitag demonstrieren, am Wochenende diskutieren und ab Montag anpacken und umsetzen. Hamburg 2020.

Latif, Mojib: Heißzeit. Mit Vollgas in die Klimakatastrophe – und wie wir auf die Bremse treten. Freiburg i. Br. 2020.

Mann, Michael E.: Der Tollhauseffekt. Wie die Leugnung des Klimawandels unseren Planeten bedroht, unsere Politik zerstört und uns in den Wahnsinn treibt. Erlangen ²2018.

Nationale Akademie der Wissenschaften Leopoldina: Klimawandel: Ursachen, Folgen, Handlungsmöglichkeiten. Halle a. d. Saale 2021.

Nelles, David / Serrer, Christian: Kleine Gase – große Wirkung. Der Klimawandel. Friedrichshafen 2018.

– Machste dreckig – machste sauber. Die Klimalösung. Friedrichshafen 2021.

Paumen, Anja: Projekt Klimaschutz. Was jetzt geschehen muss, um noch die Kurve zu kriegen. München 2021.

Pinzler, Petra / Wessel, Günther: Vier fürs Klima. Wie unsere Familie versucht, CO_2-neutral zu leben. München [2]2020.

Podewils, Christoph: Deutschland unter Strom. Unsere Antwort auf die Klimakrise. München 2021.

Rahmstorf, Stefan / Schellnhuber, Hans Joachim: Der Klimawandel. Diagnose, Prognose, Therapie. München [7]2012.

Reimer, Nick / Staud, Toralf: Deutschland 2050. Wie der Klimawandel unser Leben verändern wird. Köln 2021.

Ulrich, Bernd: Alles wird anders. Das Zeitalter der Ökologie. Köln 2019.

Wessel, Günther: Mit Technik gegen die Erderwärmung: Können Innovationen das Klima retten? In: Deutschlandfunk Kultur. 29. Oktober 2019. Online: www.deutschlandfunkkultur.de/mit-technik-gegen-die-erderwaermung-koennen-innovationen-100.html

– Klima- versus Landschaftsschutz: Wie romantisch sind Windräder? In: Deutschlandfunk Kultur. 3. Juli 2018. Online: www.deutschlandfunkkultur.de/klima-versus-landschaftsschutz-wie-romantisch-sind-100.html